저자는 교회 내 여성 리더십 인정이 현대 문화에 대한 단순한 수용이 아니라, 성경이 본래 말하는 바라는 점을 밝히고 싶어 한다. 그는 꼼꼼한 본문 주해와 설득력 있는 논증, 여성 리더십을 해석하는 여러 입장들에 대한 균형 잡힌 평가로 이 기획에 성공한다. 개별 본문에 대한 섬세한 해석을 포기하지 않으면서 신학적 중심 주제에 대한 집중을 잘 이어 가고 있기에, 독자들은 이 주제에 관한 성경 전체의 입장을 조망할 수 있다. 저자 스스로가 하나님 말씀의 권위를 철저히 인정하는 태도를 갖고 있기에, 다소 보수적인 입장에 속한 독자들도 안심하고 이 책을 펼쳐 들고, 서로에게 권할 수 있을 것이다.

교회 내 여성의 지위를 연구하면서 저자는 이것이 성별의 문제가 아니라 권력의 문제임을 발견한다. 교회의 리더십이 섬김과 희생이던 시절에는 여성들이 주도적 역할을 했다. 그런데 교회가 제도화되고, 교회 안에서의 지위가 특권이 되면서 남성들이 그 권력을 독점하게 되었다는 것이다. 교회 내 여성 이슈의 근원을 따라 올라가다 보면, 교회에 관한 본질적인 고민에 닿게 될 것이다. 거기서 오늘의 교회가 성경적 교회로 돌아가는 길을 발견할 수 있으리라 기대한다.

박영호 포항제일교회 담임 목사

지구의 반에 해당하는 여성에게 '자격이 없다'고 잘라 버리면 이는 교회의 잘못이자 손해일 것이다. 개신교회 내에서 여성들은 묵묵히 중요한 일을 하고 있지만 여성의 지도력은 오랫동안 소외되어 왔고, 그로 인해 내적으로 아프기도 했다. 하지만 이것은 특권이기도 하다. 이 차별이 여성들의 지도력을 성장시켰고, 성경과 사회에 대해 새롭게 눈뜨게 하였으며 이 시대의 깨어진 체험을 음미하고 그것에 이름 붙이고 의미를 부여해 함께 나누는 목회와 사역을 가능하게 하였기 때문이다.

『더 건강한 교회를 위한 성평등 수업』은 남자와 여자가 가정과 교회에서 차지하는 역할에 관한 기독교의 입장을 크게 성경적 평등주의(복음주의 페미니즘)과 상호보완주의로 나누어 설명한다. 또한 '왜 교회에서는 여성이 할 수 있는 사역이 제한될까?'라는 질문에 집중하여 교회에서 가르치고 이끄는 여성들의 지도력에 대한 기초적인 성경의 사례, 즉 성경의 평등 사례를 제시한다. 성경에 비추어 작금의 한국 교회를 생각하면 분노를 넘어 아픔을 느낀다. 우리는 문제를 직면하지 않고 숨기기만 했다. 교회가 원래의 정신을 잃어버렸고 여성과 고통받는 사람들의 목소리를 받아들이지 못하고 있다는 사실을 말이다.

저자는 우리에게 새로운 서사가 필요하다고 말한다. 예수님이 하셨던 것처럼, '테이블에 여성이 앉는 것'을 환영하는 서사. 나는 이 책을 읽으며 교회 내에서 여성에게 허용되지 않았던 자리로 나아가기 위해 노력해 온 분들이 생각났다. 이분들 덕분에 여성들의 사역은 납작하고 만만한 이미지로 소개되는 것에서 조금씩 벗어나게 되었다. 동시에 '양성평등 교육'을 받으며 자란 청년들이 교회 내 차별 경험을 호소하며 속속 교회를 등지고 있는 현실도 떠올랐다. 더 이상 5-60대 이상의 남성들만의 지도력으로는 교회에는 미래가 없다. 바라기는, 교회 안에 너무 많은 차별과 불평등이 있어서 그것이 차별인지도, 불평등인지도 모르는 독자들이 이 책을 통해 조금만 더 민감해졌으면 좋겠다. 여성들의 지도력이 발휘될 때 교회는 확실히 더 아름답고 관대해질 것이다.

김효경 산돌교회 목사, 레미제라블 대표

교회에서 여성의 정당한 지위를 위해 싸우는 그레이엄 힐과 같은 친구들에게 감사한다. 교회 내 여성의 역할에 대해 말하는 그의 예언자적 목소리는 확고하고 참으로 명확하다. 이 책은 초대교회와 바울 서신의 역사적 맥락과 문화적 복잡성을 살펴보고, 교회 내 여성의 존재와 그들이 보장받은 역할에 대해 날카로운 신학적·성경적 확증을 보여 주는 방향으로 진행된다. 저자의 메시지는 우리가 과거를 이해하게 해 주고 미래에 어떻게 행동해야 하는지를 안내해 준다.

김지선 얼햄 종교대학원 신학 교수

모든 교회는 예배당에 들어오는 모든 사람에게 반드시 이 책을 나눠 주어야 한다. 이 책은 평화롭지만 확고하고, 고집스럽지 않으면서 성경적이고, 추상적이지 않으면서 신학적으로 건전하고, 으스대지 않으면서 목회적이고, 언어가 명확하다. 지지하며 적극 추천한다.

스캇 맥나이트 노던 신학교 신약학 교수

여성이 리더의 자리에 앉는 것은 선교와 사역에 매우 중요하다. 일부 급진적인 페미니스트 선언문이 그렇게 주장하기 때문이 아니라, 성경과 교회의 역사가 이것을 증명하기 때문이다. 저자는 이 사례를 건실하게 제시하고 있다. 지역 교회와 선교 단체에서 여성이 제한 없이 리더십을 발휘할 수 있다는 것을 읽기 쉽고 설득력 있게 보여 주는 책이다. 이런 책은 사람들의 삶을 바꾸곤 한다!
마이클 버드 리들리 칼리지 학장 겸 신학 교수

저자는 여성 목회를 지지하는 유용한 연구를 제공하며, 관련된 성경 본문 및 주제들을 목회적·실천적·해석적으로 설득력 있게 모두 다룬다. 적극 추천한다.
벤 위더링턴 3세 애즈버리 신학대학원 신약학 아모스 교수

오늘날 그리스도인들이 (성경에 노예제를 지지하는 것처럼 보이는 많은 구절이 있음에도 불구하고) 더 이상 노예제 폐지를 주장하지 않아도 되는 것처럼, 그레이엄 조지프 힐과 함께 나는 '교회에서 가르치고 인도하는 여성의 성경적 사례'가 필요 없어지기를 바란다. 그날이 올 때까지는, 이런 책들이 우리가 교회에서 그 목표에 이를 수 있도록 확실히 도움을 줄 것이다.
그레이스 이아-헤이 카오 클레어몬트 신학교 윤리학 부교수, 성·젠더·종교 센터 공동 센터장

이 책이 새로운 독자들에게 전해져서, 하나님의 계획에서 여성이 부차적 존재가 아니며 여성 사역자들이 현대에 새롭게 나타난 것이 아니라 성경에 존재하는 것임을 그들이 확신하게 되길 바란다. 하나님은 여성을 남성의 조력자로만 창조하지 않으셨다. 여성이 하나님 백성의 공동체를 섬기는 일에 제한받는 것은 하나님이 뜻하신 바가 아니다. 남성과 여성이 인위적 제약 없이 함께, 그들의 달란트와 은사를 사용하여 협력하며 일하는 것이 교회의 건강과 선교를 증진시키는 것이며, 이러한 상호성이 우리 주님이신 예수님께 영광을 가져온다.
마거릿 모스코 작가, 강연자

그레이엄 조지프 힐의 이 책을 정말 즐겁게 읽었다. 성경에서 리더의 자리에 있는 여성의 사례를 기탄없이 명확하고 강력하게 제시하는 멋진 책이다. 집필과 논증, 연구가 모두 훌륭하다. …여성이 하늘의 절반을 떠받친다는 것은 언제나 진실이었고, 이것은 지난 40년 동안 부인할 수 없을 정도로 더욱 명백해졌다. 교회, 가정, 사회에서 모두 남성이 책임을 맡아야 한다고 주장하기 위해 성경의 몇몇 구절에 호소하는 것은 오늘날 세상에서는 통하지 않는다.

케빈 자일스 What the Bible Actually Teaches on Women 저자

내가 속한 '미시오 얼라이언스'의 정체성과 사역의 한 축은 포괄적 상호성이다. 우리는 이것을 '그리스도의 몸 안에서 인종, 문화, 신학적 유산의 경계를 가로지르는 아름다운 다양성 가운데 여성과 남성이 파트너로서 함께 더욱 목소리를 내고 리더십을 발휘하는 것'이라고 설명한다. 이 책은 이 확신에 대한 성경적 선언문이나 다름없다. 우리는 여성 리더십에 대한 하나님의 계획이라는 주제와 관련하여 교회에 꼭 필요한 자료로 이 책을 추천한다.

J. R. 로즈코 미시오 얼라이언스 국내 이사

이 책은 교회 내 여성 역할이라는 주제를 탐구하는 모든 이의 책장에 꽂혀 있어야 한다. 저자는 교회 안의 여성 리더에 대한 다양한 입장을 존중하면서, 성경 안 여성 리더들의 삶을 살펴보고, 뜨거운 논쟁이 있는 성경 본문들을 다루며, 예수님이 여성과 함께하셨던 사례를 숙고하면서, 이 주제에 대한 신학적 탐구를 제공한다. 믿음은 실천으로 표현되어야 하기에, 힐은 여성의 목소리를 키우고 그들의 은사와 소명을 존중하는 방법에 대한 실천적 지침을 통해, 신학적 대화를 현재로 가져온다.

조 색스턴 The Dream of You 저자

그레이엄 조지프 힐은 설득력 있고 빈틈없는 자료를 만들어 냈다. 깊이 있는 성경 이해, 역사적 통찰력, 실천적 행동을 갖춘 이 책은 자신이 서 있는 곳에서 여성의 온전한 성장을 간절히 보기 원하는 사람들에게 꼭 필요한 도구다. 힐은 너무나 자주 그늘 속에서만 살아야 했던 놀라운 여성들의 이야기에 빛을 비춘다.

니키 토야마-제토 사이더 센터 사회적 활동을 위한 복음주의자 단체 상임 이사

『더 건강한 교회를 위한 성평등 수업』은 교회 사역에서 남성의 동등한 파트너인 여성에 대해 훌륭하고 설득력 있게 요약한다. 이 책을 읽고 나면, 교회 직무의 모든 권한에서 여성의 참여를 배제하는 것이 얼마나 비성경적인지를 무시하기 어려워진다. 이 책은 마치, 남성만이 아니라 하나님의 모든 백성이 교회 안에서 자유롭게 하나님의 선교 사역을 하게 하라는 해방 선언 같다.

데이비드 피치 노던 신학교 복음주의 신학부 린드너 석좌 교수

이 작은 책에서 그레이엄 조지프 힐이 이룬 것들은 놀랍다! 그는 성경을 주의 깊게 다루어, 논쟁의 여지가 있는 본문들을 철저하게 살피고, 모든 수준에서 교회 생활과 리더십의 평등한 파트너였던 여성을 설득력 있게 제시함으로써 이 책을 모든 사람의 필독서로 만든다. 이 책은 성경의 중요한 사례뿐 아니라, 교회 안에서 여성이 목소리를 높이고, 온전히 성장하고 인정받을 수 있도록 보장하는 실천적인 방법도 제공한다. 매우 강력히 추천한다.

리사 로드리게즈-왓슨 그리스도인 공동체 성장 협회(CCDA) 리더십 개발 및 훈련 책임자

나는 책을 읽을 때 나중에 다시 보고 싶거나 공유하고 싶은 내용을 표시하기 위해서 마음에 드는 문장에 여러 색으로 밑줄을 치는 편이다. 그레이엄의 책은 읽는 동안 빠르게 희망의 무지개로 물들었다. 이 책은 진리를, 교회를 위한 더 나은 길을, 예수님을 가리킨다. 이 소중한 책에 대해 저자에게 감사를 전한다. 이 책은 내가 다음 세대에게 선물하는 책들 중 하나가 될 것이다. 그레이엄, 힘을 보태 주어 고마워요.

젠 바커 픽싱 허 아이즈 설립자

전 세계 교회에서 여성의 목소리를 증폭시키는 그레이엄 조지프 힐의 실천은 그의 성경적 신념에 뿌리를 둔다. 이 책은 우리가 직면한 문화적 도전과 기회를 무시하지 않으면서 사역에서의 평등을 위한 성경의 사례를 철저히 다루고 있다. 저자는 사회 현실과 성경 해석 작업을 탁월하게 교차시켰다. 꼭 읽어야 할 책이다.

샌드라 마리아 반 옵스탈 체이싱 저스티스 상임 이사, *The Next Worship* 저자

그리스도를 섬기는 데 자신의 은사를 드리기 원하는 여성과 남성이 쉽게 읽을 수 있고, 성경적·목회적으로 빈틈없이 잘 연구된 설득력 있는 책이 여러분의 손에 쥐어졌다. 이 책에서 새로운 세대 학자이자 세계적으로 떠오르는 기독교의 목소리 중 한 명인 그레이엄 조지프 힐은 성평등에 관한 명확한 글을 써서 우리 모두가 함께 성장할 수 있는 길을 열어 놓았다. 나는 그의 글이 넓고 깊게 연구되어, 여기서 드러난 가능성이 펼쳐질 수 있을 것이라 믿는다.

앤드루 멘지스 디비니티 대학교 스털링 칼리지 전 학장

그레이엄 조지프 힐의 책은 교회에서 다양한 수준의 리더십에 여성이 참여하는 것을 둘러싼 논쟁을 합리적이고 논리적으로 잘 정리하여 제시한다. 저자는 성경 본문에 중점을 두고 이 이슈에 대한 마거릿 모스코, 게일 윌리스, 다이애나 버틀러 배스, 줄리아 베어드의 훌륭한 연구들을 일부 끌어와서, 이 이슈에 대한 바울의 접근법의 근거를 상세히 설명한다. 이 책은 여성의 말에 귀를 기울이기 위한 남성 리더의 접근법을 보여 주는 모범 사례이며, 따라서 상호보완주의자이건 평등주의자이건 모든 남성 리더가 반드시 읽어야 할 책이다.

타냐 리치스 힐송 칼리지 수석 강사 겸 석사 프로그램 코디네이터

탁월한 책이다. 그레이엄 조지프 힐은 왜 하나님이 남성과 여성을 불러서 교회에서 이끌며 가르치라고 하셨는지에 대해 성경적으로 견고하며 신학적으로 근거 있는 사례를 제시한다.

세라 브루얼 유럽 IFES 유럽 부흥 디렉터 겸 전도 훈련 코디네이터

이 책은 성경의 절대적 권위를 인정하고 이 세상 속 하나님의 선교에 참여하는 데 관심 있는 이들이 꼭 읽어야 할 중요한 자료다. 그레이엄 조지프 힐은 간결한 언어와 이해하기 쉬운 논의로 성경의 핵심 구절들을 풀어 설명함으로써, 은사와 소명에 기반한 하나님의 온 백성의 사역이라는 중심 메시지를 드러낸다. 이 책은 교회가 '문화 전쟁'의 늪에서 벗어나 남성과 여성이 평등하게 이끌고 섬길 수 있는 충실한 기독교적 실천으로 나아가도록 인도하는 풍요로운 자원이다.

페리 쇼 아랍 침례신학교 교육학 교수

교회 안에서 남성과 여성에 대한 논의는 독이 되었다. 그것은 남성과 여성 사이에 그리스도를 닮은 평화의 영을 만들어 내는 대신, 문화적 불안에 기여하고 말았다. 빠른 해결책을 찾으려는 우리의 불안한 노력에서 벗어나기 위해서는 상상력이 풍부하고 차별화된 목소리가 필요하다. 그레이엄 조지프 힐은 성경적 지침을 제공하면서도 우리를 다시금 관계, 정직, 소망으로 돌이키는 새로운 공간을 창출하는 방법을 찾아냈다. 그의 가르침에 기도와 실천을 더함으로써, 그는 우리를 전체 인간에 참여시킨다. 곧 우리의 정신과 마음과 영혼이 다시 서로 평화를 이루도록 받아들이는 것이다.

맨디 스미스 대학 그리스도인 교회 목사, *The Vulnerable Pastor* 저자

만약 당신이 그리스도인 여성이거나 그리스도인 여성을 안다면, 그레이엄 조지프 힐의 이 책에 주목해야 한다. 내가 쓰고 싶었던 바로 그 책이다. 모두가 이 책을 읽었으면 좋겠다.

카일리 매덕스 피전 찰스 스터트 대학교 세인트마크 국립신학센터 공인 심리학자 겸 강사

나는 그레이엄 조지프 힐의 이 책이 정직하고, 공정하고, 겸손해서 마음에 든다. 이 책은 간단하지만 하나님의 말씀과 뜻을 탐구하는 견실한 역할을 한다. 모든 사람이 하나님 나라를 위해 자신의 은사를 사용할 수 있는 권한과 자유를 누리기를 간절히 바라는 한 여성으로서, 이 책을 누구에게나 적극 추천한다. 이 주제와 관련하여 어느 입장에 있든 관계없이 모든 사람에게 추천하는 책이다.

에스터 새크레이 시드니 세인트클레어 침례교회

이 책을 읽으면서 특히 마음에 든 부분은 이 문제를 은혜롭고 명확하게 펼쳐 보이려는 그레이엄 조지프 힐의 의도였다. 이 주제에 대한 견해의 무게감은 종종 어디서 시작해야 할지 알기 어렵게 만들곤 한다. 아름다운 복음의 진리가 문화, 상호보완주의, 평등주의 간의 시끄러운 대화에 가려질 때가 너무나 많다. 그리스도 안에서와 사역에서 남성과 여성이 평등하다는 성경적 사례를 찾는 모든 이에게 이 책을 추천한다.

필리파 로 인크레더블 커뮤니케이션스 아이디어 담당 최고책임자(Chief Ideas Officer)

기념, 검증, 고백, 권면이 어우러진 이 작은 책은 우리가 하나님의 형상을 지닌 자로서 상호 복종하며 성령이 허락하신 섬김의 은사에 대해 기쁨으로 울려 퍼지는 찬양을 부르도록 우리를 초대한다. 그 안에서, 저자는 성경 전체와 교회의 삶 전반에 흐르고 있는 성령의 새 창조의 노래에 우리의 귀가 열리도록 돕는다. 그 노래는 여성과 남성이 세상의 유익을 위해 섬기도록 함께 부름받았음을 분명히 선언하고 있다. 저자는 특히 형제들의 귀와 목소리가, 이미 역사적·세계적으로 그리스도 안에서 삶의 복음을 함께 노래하는 데 앞장서 온 자매들과 조화를 이루어 합창하도록 한다. 그리하여 우리는 '많은 형제자매 중 맏아들'이신 예수님과 함께 종 됨에 온전히 참여하는 것이 얼마나 아름답고 큰 대가를 치른 영광인지 듣게 된다. 하나님 나라의 충만한 하늘 아래 함께 사역하게 하신 기쁜 소식을 듣기 원하고 전하기 원하는 교회들, 친구들, 학생들에게 이 책을 추천한다.
체리스 피 노들링 노던 신학교 신학 부교수

이 책은 영원히 끝나지 않을 것처럼 보이는 평등주의 대 상호보완주의, 진보주의 대 보수주의 논쟁에 절실히 필요한 방책을 제공한다. 저자는 어려운 성경 구절들에 대한 직접적인 분석을 제공하여 21세기 교회의 현실에 적합성을 높여 준다. 여성이 '살아 있는 믿음의 심장박동'으로 계속 성장할 수 있도록 교회 안에 더 잘 통합되기 위해 리더들이 취할 수 있는 열다섯 가지 실천적 조치는 이 책의 백미다.
지나 줄로 고든콘웰 신학교 글로벌 기독교 연구센터 공동 센터장

이 흥미진진한 책은 독자로 하여금 모든 페이지에 참여하고 관계 맺도록 초대한다. 저자의 성경적 신념은 교회와 사역에 여성이 온전히 참여하는 모습을 보고자 하는 그의 열정 및 헌신과 짝을 이루어 영감을 불어넣는다. 그레이엄 조지프 힐은 학자들뿐 아니라 일반 독자들에게도 사려 깊고 실용적인 통찰력을 제공한다. 중동에서 신학 교육과 교회 사역에 참여하는 아랍 여성으로서, 이 책은 서양에서 여성 리더들과 교사들의 참여를 옹호하는 강력한 사례이자, 동양에서도 못지않은 역할을 할 귀중한 자료가 될 것이다.
그레이스 알조비 아르틴 팔레스타인 베들레헴 바이블 칼리지 성서학부 학장

설교하라는 하나님의 부르심을 느껴 온 여성 신학생으로서, 나는 여성이 설교자로 소명을 받는 것에 반대하는 사람들에게 내 정당함을 입증해야 하는 것이 나 혼자만의 일이 아님을 알고 있다. 그레이엄 조지프 힐은 그런 사람들이 여성 설교에 반대하는 신념을 갖도록 이끈 복잡한 성경 구절들을 검토함으로써 아름답고 은혜롭게 이러한 반대와 씨름한다. 모든 신학생과 관심 있는 교회 구성원이 그리스도 안에서 형제와 자매로서 함께 일하는 법을 배울 때 반드시 읽어야 할 필독서다. 우리는 모두 복음의 진보와 우리 아버지 하나님의 영광을 위해 하나님이 주신 은사를 사용하도록 부름받았다. 여성 사역을 지지하고 옹호하기 위해 목소리를 내 준 저자에게 감사를 전한다.

멜리사 라무 물리치료사, 신학생

이 중요한 책은 리더십과 사역의 자리에 있는 여성을 위한 성경의 사례를 역설하고, 그 과정에서 복음주의 학자들과 실천가들에게 엄격한 성경적 관련성을 위한 틀을 제공한다. '성경적'이라는 점을 강조하다 보면, 우리는 마치 성경이 무엇을 말할지 이미 아는 것처럼 성경에 접근할 위험이 있다. 저자는 성경 본문을 매우 존중하며 접근하지만, 과거의 전통이 살아 계신 하나님께 재갈을 물리는 것은 허용하지 않는다. 그는 천국의 제자 된 서기관마다 성경의 곳간에서 옛것과 새것의 보물들을 모두 꺼내 올 것임을 우리에게 상기시켜 준다.

글렌 파월 유나이팅 미션 앤 에듀케이션 상임 전무 이사

더 건강한 교회를 위한 **성평등 수업**

IVP(InterVarsity Press)는
캠퍼스와 세상 속의 하나님 나라 운동을 지향하는
IVF(InterVarsity Christian Fellowship)의 출판부로
생각하는 그리스도인을 위한 문서 운동을 실천합니다.

Holding Up Half the Sky
Copyright © 2020 Graham Joseph Hill, of the English original version by Graham Joseph Hill.
This edition licensed by special permission of Wipf and Stock Publishers.
www.wipfandstock.com
License arranged through rMaeng2, Seoul, Republic of Korea.

This Korean translation edition © 2025 by Korea InterVarsity Press
156-10 Donggyo-ro, Mapo-gu, Seoul 04031, Republic of Korea.

이 한국어판의 저작권은 알맹2를 통하여
Wipf and Stock Publishers와 독점 계약한 IVP에 있습니다.
신 저작권법에 의하여 한국 내에서 보호받는 저작물이므로
무단 전재와 무단 복제를 금합니다.

더 건강한 교회를 위한
성평등 수업

여성 리더십에 관한 성경적·역사적·신학적 탐구

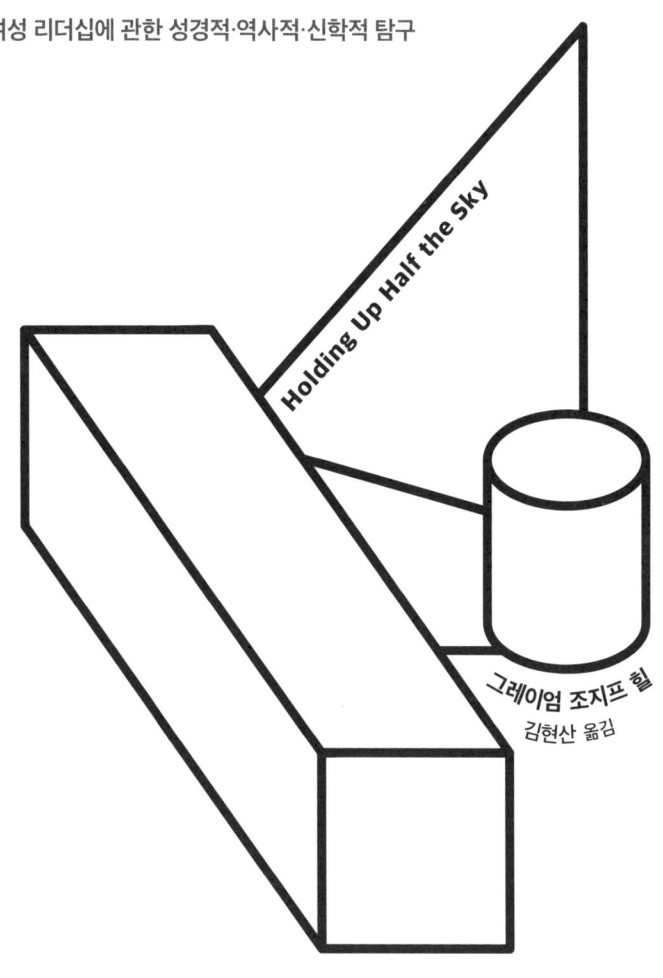

Holding Up Half the Sky

그레이엄 조지프 힐

김현산 옮김

Ivp

이 주제를 탐구하고 책을 쓰도록 영감을 준

그레이스에게

차례

추천 서문(김지선)	19
추천 서문(마거릿 모스코)	22
머리말: 여성은 하늘의 절반을 떠받친다	25

제1강 성경적 평등을 논하기 위한 사전작업 — 31

경건한 남성들이 잠잠할 수 있을까?	36
복잡하고 격렬한 논쟁을 일으키는 주제 다루기	38
토론의 중요성 인정하기	42
영적인 기회와 도전에 대처하기	44
상호보완주의와 평등주의 입장 요약	46
잘못된 주장 폐기하기	48
오늘날과 역사 속 교회의 여성 리더 존중하기	52

제2강 성경적 평등에 관한 성경 속 사례 — 63

예수님이 여성을 존중하신 방식 모방하기	65
— 요한복음 4장; 누가복음 10, 24장; 마가복음 14장	
창세기 신학과 창조 질서 검토하기	74
— 창세기 1-3장	
여성과 남성에 대한 바울의 가르침, 그 배경 조사하기	78
여성이 가르치고 이끌 수 있도록	90
여성을 존중하고 자유롭게 한 바울의 실천 살펴보기	
구약과 신약에 있는 여성 리더의 사례를 널리 알리기	99
핵심 본문들 살펴보기	102

여성과 남성에게 똑같이 부어 주신 성령 받기	155
─ 요엘 2:28-32; 사도행전 2장; 고린도전서 12-14장	
삼위일체의 종속성 문제 고찰하기 ─ 빌립보서 2:5-11	167
질문하기:	170
"성경적 평등주의 입장이 최근의 문화수용적 혁신인가?"	
사역에서의 평등에 관한 성경의 사례 요약	173

제3강 성경적 평등에 관한 실천 수용하기   179

성별, 정의, 권력 이슈를 용기 있게 다루기	181
─ 베드로전서 5:1-11	
사역을 계급이 아닌 섬김으로 바라보기	189
─ 마태복음 20:25-28	
유니아의 자매들에게 용기를 돋우어 주기	197
─ 로마서 16:7	
여성의 목소리를 높여 주고 은사를 존중하기	200
맺는말: 기도	219
후기(린 코힉)	223
부록: 성경적 평등주의 선언	228
더 읽을 자료	245
온라인 기사 및 자료 링크	248
추천 웹사이트	250
참고 자료	251

일러두기
이 책의 성경 인용은 새번역을 사용했습니다. 다른 역본을 사용한 경우 별도로 표시했습니다.

추천 서문

여성들은 예수님과 함께 있었다. 나사로의 누이 마리아와 마르다는 예수님의 중요한 친구였고, 예수님이 예루살렘에 머무시는 동안 벌어진 여러 사건에서 예수님 곁에 있었다. 마르다가 음식을 준비하는 동안 마리아는 예수님의 발치에 앉아 있었다. 예수님은 그들의 형제 나사로를 죽음에서 일으키셨다(요 11:38-41).

마가복음은 세 명의 여성이 예수님의 무덤에 찾아가, 돌이 굴려져 있는 것을 발견했다고 전한다. 마가복음은 이 여성들의 이름이 막달라 마리아와 야고보의 어머니 마리아 그리고 살로메라고 밝힌다(막 16:1-8). 이 세 여성은 예수님이 죽음에서 부활하셨다는 것을 깨닫고, 제자들에게 달려가 그 소식을 전했다. 이 여성들은 복음을 전한 첫 번째 전도자였다.

로마서 16장에서 바울은 열 명의 여성 리더에 관해 썼다. 뵈뵈, 브리스가, 마리아, 유니아, 암블리아, 드루배나, 드루보사, 버시, 루포의 어머니, 율리아가 그들이다. 이 여성들은 교회 안에서 리더였고 많은 일을 성실하게 했다고 언급된다. 공개적으로 인정된 것은 이 여성들이 최초에 속할지 모르나, 사실 여성은 교회가 처음 생겨난 이래로 교회의 필수적인 부분을 맡아 왔다. 우리는 종종 교회 역사의 이러한 진실을 잊은 채, 여성이 중요한 자리에 앉는 것을 달가

워하지 않으며, 특히 리더의 자리일 경우 더욱 그렇다. 우리는 과거의 이러한 부분을 기억하고, 여성이 오늘날 교회에서 리더의 자리에 앉을 수 있도록 격려해야 한다. '만인 제사장'에 관해 쓴 마르틴 루터(Martin Luther)는 회중 공동체 안에서 우리 각 사람이 서로에게 제사장이라고 강조했다. 이 확신은 여성도 예외 없이 이러한 '제사장'에 포함된다는 것을 의미하며, 따라서 오늘날 우리도 그와 같이 행해야 한다.

교회는 어떻게 여성이 리더가 되는 것을 좌절시켜 왔는가? 역사적으로 로마 가부장제(Latin patriarchy)는 기독교에 줄곧 영향을 미치며 지속되었고, 지금도 기독교 내에 잔존해 있다. 더욱이 성경의 몇몇 부분은 가부장적 순종을 이끌어 냈으며, 가부장적 용어로 하나님과 그리스도를 선포했다. 이 가부장제가 기독교 역사 전반에 걸쳐 기독교 자체와 기독교적 실천들을 규정해 왔다. 노예 그리고 자유인 여성이 '본성적으로' 열등한 인간이라는 아리스토텔레스적 성경 개념은 기독교 신학의 기본 구조를 형성하고 있다.[1] 이러한 틀은 오랫동안 교회에서 여성이 관리자의 지위를 얻지 못하게 막아 왔고, 많은 교단에서 여성을 종속적 위치에 계속 붙잡아 두었다. 가부장제는, 고난을 덕으로 여기는 잘못된 관념과 더불어, 교회뿐 아니라 가정과 일터에서도 여성에 대한 학대를 유발한다.[2]

오늘날 우리는 교회의 내부 문화를 재정비함으로써 교회 자체

---

1 Schussler Fiorenza, *But She Said*, p. 203.
2 Brock and Parker, *Proverbs of Ashes*, pp. 16-18.

의 결함을 성찰하고 종교적·정치적·경제적 영역에서 지속적으로 여성을 약화시키는 공고한 가부장제와 싸워야 한다. 남성은 여성과 연대하여 그러한 파괴적인 세력을 무너뜨리기 위해 함께 일해야 한다. 남성이 연대에 합류할 때, 우리는 서로 대화하며 서로에게 힘을 실어 주어야 한다.

이 책의 저자 그레이엄 조지프 힐 목사는 믿을 만하고 꼭 필요한 남성의 관점으로 여성과 교회에 대한 성경적·역사적·교리적 통찰들을 살펴본다. 그는 여성의 편에서, 여성이 교회와 사회에서 새로이 역량 있는 리더가 될 수 있는 기회와 공간과 플랫폼을 제공하는 것이 중요하다고 강조한다. 이 예리하고 사려 깊은 책은 독자들에게 가부장제가 어떻게 생겨났고, 어떻게 교회 안에 자리 잡았으며, 궁극적으로 우리가 그것을 어떻게 해체할 수 있는지 생각해 볼 기회를 제공한다.

교회에서 여성의 정당한 지위를 위해 싸우는 그레이엄 조지프 힐 같은 친구들이 고맙다. 그의 예언자적 목소리는 확고하고 진실되고 명확하게 교회 내 여성의 역할에 대해 말한다. 이 책은 초대교회와 바울 서신의 역사적 맥락과 문화적 복잡성을 검토한 후, 교회 내 여성의 존재와 그들이 보장받은 역할들에 대한 날카로운 신학적·성경적 확언을 드러내는 방향으로 나아간다. 힐의 메시지는 우리가 과거를 어떻게 이해하고 미래에 어떻게 행동할지 안내해 준다.

김지선(Grace Ji-Sun Kim)
얼햄 종교대학원 신학 교수

추천 서문

많은 나라에서 여성은 책임과 부담이 큰 모든 업종에서 일하고 있다. 여성은 의사, 파일럿, 법조인, 교사, 과학자, 저널리스트, 방송인, 은행가, 사업가이며, 경영의 모든 단계에 참여한다. 그러나 많은 교회에서 여성은 특정 사역이나 리더의 위치에서 배제된다. 어떤 그리스도인들은 성경이 여성은 교회에서 리더가 될 수 없다고 가르친다고 믿는다. 이들과 똑같이 신실한 또 다른 그리스도인들은 성경이 능력 있고 소명 있는 여성에게 한계를 지우지 않는다고 믿는다. 그레이엄 조지프 힐 박사는 그의 책에서 이러한 딜레마에 대해 논한다.

그레이엄은 남편이자 아버지이며, 호주에 있는 신학교에서 가르치는 교수이고, 세계 교회에 대단히 관심이 많은 사람으로서, 우리가 교회 내 여성의 위치와 역할에 대해 어떻게 생각하느냐가 단지 이론적 문제가 아니라는 점을 잘 이해한다. 그것은 남성과 여성이 스스로를, 그리고 서로를 바라보는 방식에 심대한 영향을 미친다. 그것은 서로 다른 성별끼리의 관계 및 성인 여성과 소녀들을 대하는 방식에 영향을 준다. 그것은 남성과 여성이 그리스도의 몸 안에서 기능하는 방식과 교회의 선교가 갖는 효과성에도 영향을 미친다. 여기에 많은 것이 걸려 있는 것이다.

이 책의 제2강에서, 저자는 성 역할에 관한 토론에서 자주 제시되는 성경 구절들을 살펴보고, 그 구절들을 설명하는 데 도움이 되는 맥락을 제공한다. 예를 들어, 그는 베드로전서 3:1-6의 배경이 "박해, 가부장제, 믿지 않는 배우자"라고 지적한다. 여성을 제한하는 데 사용되는 구절들은 문맥과 상관없이 읽힐 때가 너무나 많고, 따라서 해석과 적용 과정에서 성경 저자의 본래 의도와 그 가르침의 변수가 제대로 고려되지 않는다. 더 나아가, 그는 성경에 하나의 궤적이 있음을 보여 준다. 그는 "성경을 펼칠수록 여성의 자유와 존엄은 커지고 사역이 확장된다"고 쓴다.

나는 평등주의 정신을 뒷받침하는 성경적 논쟁에도 깊은 관심이 있지만, 내가 가장 좋아하는 부분은 이 책의 제3장이다. "성경적 평등에 관한 실천 수용하기"라는 제목이 붙은 이 부분에서 그레이엄은 평등을 실천하고 현실로 만들 수 있는 격려와 조언을 제공한다. 성경적 '서번트십'(servantship)의 혁명적 속성에 대한 그의 논의에서와 마찬가지로, 여기서도 그는 탁월하고 영감 있는 통찰력을 보여 준다.

저자는 이 책을 간결한 분량으로, 최소한의 전문 용어를 사용하여 썼다. 더욱이 이 책은 특별히 지역 교회에 깊이 관여하고 있는 우리 모두를 위해 쓰였다.

이 책이 새로운 독자들에게 전해져서, 여성이 하나님의 계획에서 부차적인 존재가 아니며 여성 사역자들이 현대에 새롭게 나타난 것이 아니라 성경에 존재하고 있음을 그들이 확신하게 되길 바란다. 하나님은 여성을 남성의 조력자로만 창조하지 않으셨다. 하나님은 여성이 하나님 백성의 공동체 안에서 섬기는 일에 제한받기를 의도하지 않으셨다. 남성과 여성이 인위적인 제약 없이 자신들의 재능과 은사를 사용하면서 협력하여 일하는 것은 교회의 건강과 선교를 오직 증진시킬 뿐이며, 우리 주 예수님은 이러한 상호성을 통해 영광을 받으신다.

마거릿 모스코(Margaret Mowczko)
강연자이자 작가

머리말: 여성은 하늘의 절반을 떠받친다

몇몇 추정치에 따르면, 전 세계 선교사의 3분의 2 이상이 여성이다. 세계 그리스도인의 53퍼센트가 여성이다. 여성 그리스도인은 남성 그리스도인보다 예배에 참석할 확률이 훨씬 더 높다.[1] 많은 유용한 자료들은 여성이 전 세계 교회에서 대부분의 선교를 수행하며, 아마 대부분의 사역도 마찬가지일 것이라고 추정한다.[2] 여성은 남성보다 더 많이 기도하고, 믿음과 종교가 자신에게 중요하다고 말할 가능성이 더 높다. 여성이 아이들과 다른 여성 및 남성 사이에서 행하는 사역을 고려하면, 여성이 어떻게 전 세계 교회에서 제자 양육의 대부분을 감당하는지 쉽게 알 수 있다. 마오쩌둥은 "여성이 하늘의 절반을 떠받친다"(women hold up half the sky)라는 유명한 말을 남겼다. 여성은 교회의 절반 이상을 차지하고, 교회 생활의 선교, 사역, 기도, 예

1　Pew Research Center, "Gender Gap in Religion around the World."
2　애석하게도 이 자료들 중 상당수가 역사적 추측에 의존한다. 여성이 교회의 선교, 사역, 제자 양육에 어느 정도나 관여하는지에 대해서는 추가 연구가 필요하다. 고맙게도, 고든콘웰의 The Center for the Study of Global Christianity 부센터장 지나 줄로(Gina Zurlo) 박사가 Louisville Institute의 연구 보조금을 지원받아 세계의 그리스도인 여성을 연구하고 이 문제에 대한 양질의 데이터를 제공해 주었다. "이 프로젝트는 '여성 운동'(women's movement)이라는 개념을 조사하기 위해 세계의 그리스도인 여성에 대한 최초의 전 지구적 정량 분석을 제공하는 것을 목표로 한다." 이에 대한 공지문은 다음을 보라. https://www.gordonconwell.edu/news/Dr-Gina-Zurlo-Awarded-Research-Grant-To-Study-Women-In-World-Christianity.cfm.

배, 제자 양육에서 큰 부분을 맡고 있을 가능성이 높다.

기독교 사역에서 여성의 역할은 언제나 논란에서 자유롭지 못했다. 예를 들어, 구세군 공동 창립자인 캐서린 부스(Catherine Booth)는 자신을 비롯해 여성이 설교를 해서는 안 된다고 비판하는 사람들에게 강경하게 대응해야 했다. 캐서린 부스는 1870년의 소책자 『여성 사역: 또는 복음을 설교할 여성의 권리』(*Female Ministry: or Women's Right to Preach the Gospel*)에서 다음과 같이 썼다. "이 일의 낯섦을 감안한다 해도, 알맞은 복장을 갖춰 입고 강단이나 설교단에 오른 그리스도인 여성에게서 우리는 부자연스럽거나 부적절한 모습을 전혀 발견할 수 없다. 오히려 그녀에게서는 타고난 듯 자연스러운 품위가 보인다. 하나님은 여성에게 품위 있는 모습과 태도, 마음을 끄는 매너, 설득력 있는 말재주, 그리고 무엇보다도 섬세한 감성을 주셨는데, 이것들은 모두 대중 연설을 하기에 최적의 자질로 여겨진다."[3] 캐서린 부스의 예를 보더라도, 이 자질들이 그녀를 세계적인 기독교 운동을 이끌고 그 토대를 세우기에 적합한 인물로 만들어 주었을 것이다.

교회의 일부 사람들은 여성이 효과적인 리더가 되지 못한다고 주장한다. 그러나 기업 및 일반 사회 조직, 종교 기관, 비영리 기관 등 다양한 조직에서 리더십의 효과에 관한 최근 연구는 그와는 반대 결과를 보여 준다. 여성은 효과적인 리더십을 보일 뿐 아니라, 심지어 연구의 상당 부분은 여성이 여러 가지 면에서 남성보다 더 나

---

[3] 초판은 1859년에 다른 제목으로 발행되었고, 3판은 1870년에 발행되었다. Booth, *Female Ministry*, ch. 4. 『여성사역』(구세군출판부).

은 리더십을 발휘한다는 것을 시사한다. 『스케일링 리더십』(Scaling Leadership)을 쓴 로버트 앤더슨(Robert J. Anderson)과 윌리엄 애덤스(William A. Adams)는 「포춘」(Fortune)지 선정 500대 기업 및 정부 기관을 대상으로 수십 년에 걸쳐 리더십의 효과에 관한 연구를 진행했다. 양질의 연구 및 자료를 검토한 그들은 여성 리더십에 관하여 다음과 같이 결론 내렸다. "요약하자면, 이 자료는 **여성이 남성보다 더 효과적인 리더십을 발휘한다**는 것을 시사한다. 리더십의 효과는 창조적 역량 수치와 강한 긍정적 상관관계가 있는데, 여성 리더십은 더 창조적이면서 덜 반응적인(more Creative and less Reactive) 경향이 있기 때문에 우리는 여성이 더 효과적이라고 결론지었다. 여성 리더들은 남성보다 더 창조적이고, 더 효과적이며, 대체로 더 나은 결과를 얻는다. 상위 10개 항목 중 관계(relationship)에 관한 강점들이 지배적인 것은 **여성 리더십이 더 관계적이기 때문에 더 효과적**이라는 것을 시사한다. 관계적 리더십을 발휘하는 데는 또한 높은 수준의 자기 인식과 진정성이 요구된다."[4]

동일한 결과를 확인해 주는 양질의 연구들이 매년 증가하고 있다. 2012년 「하버드 비즈니스 리뷰」(Harvard Business Review)에서 발표한, 고위 리더 2,780명의 리더십 효과에 관한 조사는 다음과 같이 결론 내린다. "모든 직위에서, 같은 직위의 남성보다 여성이 동료, 상사, 직속 부하 직원 및 기타 관계자들에게 전반적으로 더 나은 리더

---

4 Anderson and Adams, *Scaling Leadership*.

로 평가받는 경우가 더 많았으며, 직위가 높을수록 그 차이는 더 벌어졌다.… 구체적으로 말해서, 모든 직위에서 여성은 탁월한 리더십에 속하는 16개 역량 중 무려 12개 항목에서 더 높은 평가를 받았다. 그중 가장 높은 점수를 받은 특성 두 가지, 즉 주도권을 잡는 것과 결과를 추구하는 것은 오랫동안 남성 특유의 강점으로 여겨져 온 것들이다."[5]

이 책은 사역을 하고 리더십을 발휘하는 여성을 위한 성경의 비전을 개략적으로 제시한다. 성경은 여성이 교회 안에서 온전한 사역자로 권한을 부여받고 담대히 활동하는 혁신적인 비전을 그려 보인다. 이것은 강력한 성명서다! 이어지는 본문에서 나는 성경의 증언에 세심한 주의를 기울이면서 이를 뒷받침하고자 한다.

역사를 돌아보면 교회와 교회 리더들이 여성을 대하는 방식은 각양각색이었다. 이따금 교회는 예수님의 방식을 따라, 여성을 자유롭게 하고 존중했다. 여성을 재산이나 성적 대상으로 보던 문화 속에서 교회는 여성을 완전한 인간으로 대하곤 했다. 어떤 의미에서는 로마의 모든 여성이 기독교로 개종하지 않은 것이 놀라운 일이다. 그리스도인들은 여성을 존중하고 자유를 주었으며, 여성이 교회에서 정회원 자격을 얻고 사역하는 것을 환영했다. 하지만 그림이 항상 그렇게 장밋빛이기만 했던 것은 아니다. 교회의 역사에서 우리는 여성이 성적 학대와 억압, 착취를 당했던 사례들과, 공동체에 명예롭

---

5   Zenger and Folkman, "Are Women Better Leaders Than Men?"

게 기여하고 동등하게 목소리를 내는 일을 금지당했던 사례들을 많이 볼 수 있다.

여성에 대한 성경의 미션, 그리고 교사, 증인, 제자 훈련가, 리더라는 그들의 역할에 대한 성경의 비전은 개인의 삶만이 아니라 교회와 세상도 변화시킨다. 그러나 오직 진실로 성경적인 비전만이 그 일을 할 수 있다. 이 책은 지역 교회와 전 세계 교회에서 가르치고 이끄는 여성을 위한 성경적 사례를 제시한다.

"여성은 하늘의 절반을 떠받치고" 있으며, 교회의 절반 이상을 차지한다. 예수님이 뜻하셨던 대로 교회가 여성의 목소리와 은사를 존중하고 확대시켜야 할 때가 되었다.

제1강
성경적 평등을 논하기 위한 사전 작업

이 책에서는 남성과 여성이 그리스도 안에서 그리고 사역에서 평등함을 보여 주는 성경의 사례를 간단히 살펴볼 것이다. 나는 여기서 독창적인 내용을 전개하는 척할 생각이 없다. 그리고 이 책은 특정 본문이나 쟁점을 철저히 다루는 책도 아니다. 내가 제시하는 것은 교회에서 가르치고 이끄는 여성에 대한 기초적인 성경의 사례가 전부다. 나는 일부러 적은 분량으로 책을 썼다. 많은 분들이 내게 요청한 대로, 나는 여기서 성경의 평등 사례를 제시하려 한다. 책의 말미에는 다양한 학술 서적을 폭넓게 추천해 두었는데, 이것은 성경이 사역하는 여성에 관해 가르치는 바를 더 깊이 연구하고자 하는 사람들을 위한 것이다. 이 작은 책이 사람들에게 이 주제에 대한 성경의 입장을 소개하는 유용한 안내서가 되기를 소망한다.

이어서 가능한 한 솔직하고 정중하게 내 입장을 밝히고자 한다. 나는 성경을 믿는 그리스도인으로서 하나님이 성별을 서로 다르게 그리고 상호 보완적으로 창조하셨다고 믿는다. 또한 성경이 남성과 여성을 예수 그리스도 안에서 완전히 평등하게 바라보고, 모든 형태의 사역과 리더십에서 여성의 완전한 참여를 장려한다고 믿는다. 나는 성경을 다르게 해석하는 사람들을 존중하는 가운데 이러한 믿음을 추구하며, 그들 또한 그와 같이 해 주기를 요청한다.

그렇지만 나는 이 성경적 비전이 개인들의 삶과 교회들과 세상을 변화시킨다고 믿는다. 두 성의 완전한 파트너십과 평등이야말로 여성과 남성을 향한, 그리고 세상과 교회를 향한 하나님의 선하신 뜻이자 원래의 계획이기 때문이다.

나는 이 책을 세 부분으로 나누었다. **제1강**에서는 성경적 평등을 논하기 위해 필요한 사전 작업을 한다. **제2강**에서는 그리스도 안에서 여성과 남성에 대한 성경적 비전을 살펴보고, 사역에서 성평등이 이루어진 성경의 사례를 제시한다. **제3강**에서는 성경적 평등이 내포하는 실천적 의미를 교회가 수용하도록 도전한다.

성경의 자료를 살펴보기 전에 먼저 짚어 두어야 할 중요한 사항들이 있다. 이 주제는 복잡하고 격렬한 논쟁을 불러일으킨다. 분열을 초래할 수도 있다. 감정도 고조된다. 사람들은 이 이슈에 관한 자신의 신념과 입장을 지키기 위해 상당히 많은 것을 투자한다. 사역하는 여성이라는 주제는 여러 다른 범주의 적대감과 불안에 대한 대용물로 사용될 수 있다. 그러나 이 주제는 여러 이유에서 중요하다. 우리는 가능한 한 정직하고, 공정하고, 정중하게 이 주제를 다루어야 한다. 그리고 우리는 성경의 증언에 충실해야 한다. 우리는 틀린 주장과 '이기고 싶은' 욕망을 내려놓아야 한다. 그 대신에, 변화하는 세상 속에 있는 교회와 선교를 위해 이 논의에서 도전과 기회를 발견해야 한다.

로마서 12장은 이 주제에 접근하는 방법에 대해 지침을 준다. 바울은 지혜로운 권면을 남겼다. 우리가 서로 대화할 때, 서로에 대해 이야기할 때, 그리고 서로를 향해 행동할 때, 이 지혜를 따르도록 하자.

형제자매 여러분, 그러므로 나는 하나님의 자비하심을 힘입어 여러분에게 권합니다. 여러분의 몸을 하나님께서 기뻐하실 거룩한 산 제물로 드리십시오. 이것이 여러분이 드릴 합당한 예배입니다. 여러분은 이 시대의 풍조를 본받지 말고, 마음을 새롭게 함으로 변화를 받아서, 하나님의 선하시고 기뻐하시고 완전하신 뜻이 무엇인지를 분별하도록 하십시오.

나는 내가 받은 은혜를 힘입어서, 여러분 각 사람에게 말합니다. 여러분은 스스로 마땅히 생각해야 하는 것 이상으로 생각하지 말고, 하나님께서 각 사람에게 나누어 주신 믿음의 분량대로, 분수에 맞게 생각하십시오.…

사랑에는 거짓이 없어야 합니다. 악한 것을 미워하고, 선한 것을 굳게 잡으십시오. 형제의 사랑으로 서로 다정하게 대하며, 존경하기를 서로 먼저 하십시오. 열심을 내어서 부지런히 일하며, 성령으로 뜨거워진 마음을 가지고 주님을 섬기십시오.…손님 대접하기를 힘쓰십시오.

여러분을 박해하는 사람들을 축복하십시오. 축복을 하고, 저주를 하지 마십시오. 기뻐하는 사람들과 함께 기뻐하고, 우는 사람들과 함께 우십시오. 서로 한마음이 되고, 교만한 마음을 품지 말고, 비천한 사람들과 함께 사귀고, 스스로 지혜가 있는 체하지 마십시오.

아무에게도 악을 악으로 갚지 말고, 모든 사람이 선하다고 생각하는 일을 하려고 애쓰십시오.…악에게 지지 말고, 선으로 악을 이기십시오. (롬 12:1-3, 9-11, 13-17, 21)

경건한 남성들이 잠잠할 수 있을까?

더 들어가기 전에, 필리파 로(Philippa Lowe)의 온라인 게시물 "경건한 남성들이 잠잠할 수 있을까?"(Can Godly Men Be Quiet?) 속의 말을 되새겨 보고자 한다.[1]

필리파의 글은 이 책을 쓰는 동안 나를 자극했고 내 잘못을 깨닫게 했다. 필리파는 "당신이 잠잠할수록 더 많은 것을 들을 수 있다"라고 말한다. 우리 남성들은 종종 지나치게 말이 많고 자기주장이 강하여 잘 듣지 못한다. 우리는 말하고, 언쟁하고, 장담하고, 으스댄다. 우리는 종종 너무 떠들어 대느라 듣지를 못한다. 우리의 이기적 자아와 성차별적 사고가 우리의 귀와 마음을 막고 있다. 필리파는 말한다. "그러니 그 대신에, 나는 이렇게 묻는다. 경건한 남성 여러분, 잠잠히 해 주시겠습니까? 고요함 속에서 여러분이 새로운 것을 들을 수 있기 때문입니다. 예수님이 속삭이시는 그 말씀을요. 여성에 관한 이 소란이 복음을 방해하니, 우리는 이제 그만 입을 다물고 귀를 기울여야 합니다.…나를 지지하고 격려해 준 모든 그리스도인 형제들을 위해 내 마음에 손을 얹고, 나는 이 말을 해야겠다.…부디, 제

---

[1] Lowe, "Can Godly Men Be Quiet?"

발, 그냥 잠잠히 귀를 기울여 주시겠습니까?"

필리파는 자신이 경험한 가장 심각한 성차별은 교회와 기독교 단체 안에서 일어났다고 말한다. 호주의 목사이자 학자인 내 친구 메건 파웰 두 토이(Magan Powel du Toit)도 이렇게 쓴 적이 있다. "나는 종종 무시당하고, 비하되고, 과소평가되며, 내가 말할 때 누군가 가로채거나, 내 말이 제대로 인용되지 않거나, 내가 한 말이 다른 남성의 것으로 여겨지거나, 내가 한 말을 마치 자기가 만들어 낸 말인 것처럼 나에게 돌려주는 남성을 만나기도 한다. 나는 종종 내 경험이나 내가 이룬 업적을 다른 사람의 것인 양 인용해야 하는 난처한 상황에 처한다. 그리스도인 남성 여러분…부디, 사랑과 눈물로 전하는 이 말을 들어주길.…이것 때문에 여러분의 소셜 미디어에 댓글로 의견을 남기는 것을 망설이게 된다."[2]

나는 이 책을 쓰면서 필리파와 메건의 말을 매우 의식하고 있다. 과연 나는, 잠잠히 입을 다물고 진정으로 귀를 기울여 여성이 나와 교회에 하는 말을 들을 수 있을까?

나는 또한, 성경이 여성에 관해 뭐라고 가르치는지에 대하여 남성들끼리 설전을 벌이는 것은 불쾌하고 쓸데없으며 가부장적 냄새를 다소 풍긴다는 사실 또한 의식하고 있다. 설령 대화에 참여하는 일부 화자가 여성을 변호한다 할지라도 마찬가지다. "그러니 그 대신에, 경건한 남성들은 이 문제에서 좀 잠잠히 해 줄 수 있을까요?

---

2 2019년 2월 16일에 메건 파웰 두 토이가 페이스북에 올린 글.

발언하려고 덤비기보다, 우리가 보고 있는 현실을 한번 보세요. 여성의 목소리가 줄어들거나 들리지 않을 때 그 영향은 아주 멀리까지 미칩니다." 내 여성 친구들과 자매들은 스스로 목소리를 낼 수 있다. 그러니 나는 입을 다물까? 잠잠히 입을 닫고 귀를 기울일까?

잠잠히 한다는 것은 학대나 억압에 대해, 또는 결혼과 사역에서 여성의 평등에 대해 침묵하는 것과는 다르다. 필리파의 말이 옳다. "잠잠히 하는 것과 침묵하는 것은 차이가 있다. 침묵하는 문화는 학대의 온상이다. 잠잠히 하는 문화는 더 많은 사람의 목소리가 들릴 수 있는 공간을 만든다. 나중 된 자가 먼저 될 수 있도록."

경건한 남성들이여, 지금은 잠잠히 할 때다.

복잡하고 격렬한 논쟁을 일으키는 주제 다루기

오늘날 젠더(gender)와 섹슈얼리티(sexuality)에 관한 이슈들은 뜨거운 논쟁을 불러일으킨다. 사람들은 자기 입장을 강경하게 주장하고 열정적으로 변호한다. 상반된 견해를 가진 이들은 서로에게 비난을 퍼붓고, 상대의 견해를 희화화하며, 상대방의 동기와 의도를 의심한다. 사람들은 수사적 장치를 사용하여 자신의 입장에 동의하지 않는 사람들을 비하하고 그들의 견해를 폄하하며, 또한 다른 사람들을 설득해 자신의 확고한 입장을 수용하게 하려고 애쓴다.

여성이 교회에서 맡을 수 있는 역할에 대해 그리스도인들이 논의할 때, 종종 이러한 적대감과 갈등이 나타난다. 이것은 격렬한 논쟁을 일으키는 주제이며, 비난은 사방에서 날아든다.

여성에게는 설교, 고위 리더십, 공적 가르침이 금지된다는 식으로 바울의 구절들을 해석하는 사람들은 흔히 그에 반대하는 사람들이 성경의 권위를 멸시한다고 주장한다. 그들은 여성에게 그러한 사역을 하도록 부추기는 사람들이 현대 문화에 순응했고 성경적 신실함을 버렸다고 주장한다. 자주 듣게 되는 말은, "당신은 정치적으로 올바른 분이군요"라는 표현이다(그 의미가 무엇이든!). 여성 리더십 지지자를 비판하는 사람들은 지지자들이 성경 본문을 있는 그대로 읽는 대신, 그들의 마음과 바람에 맞는 방식으로 성경을 해석한다고 말한다. 물론 이러한 비난은 상처를 주고, 부당하며, 흔히 대부분 사실이 아니다. 평등주의 그리스도인(Egalitarian Christians)은 성경에 충실하고, 성경의 권위를 존중하며, 성경을 정확하게 해석하기 위해 매우 열심히 노력한다. 모든 평등주의자가 반드시 그렇다고는 할 수 없어도, 대부분의 평등주의자는 그렇다는 것이 내 주장이다.

반면에, 예수님과 바울과 성경의 나머지 부분이 여성에게 완전하고 제한 없는 사역을 하도록 장려한다는 식으로 성경을 읽는 사람들은 그에 반대하는 사람들이 여성을 멸시한다고 주장하는 경우가 너무 많다. 그들은 여성에게 제한을 가하려는 사람들이 가부장적 권력에 애착을 느낄 뿐 아니라, 여성을 억압하고 통제하고 지배하려는 욕망을 가지고 있다고 주장한다. 그들은 자신들을 반대하는 사람들이 성경을 피상적으로 읽고 있으며, 권력과 통제에 근거한 숨은 의도가 있고, 결국 여성과 소녀에게 해를 끼친다고 비난한다. 이러한 비난 역시 상처를 주고, 부당하며, 흔히 대부분 사실이 아니다. 상호보완주의 그리스도인(Complementarian Christians)은 보통 성경과 그 가르침에 충실하려고 노력하고, 여성을 깊이 존중한다. 그들은 성경의 가르침을 주의 깊게 따르는 것이 교회 안의 모든 사람, 즉 여성과 남성 모두에게 유익이 될 것이라고 믿는다. 모든 상호보완주의자가 반드시 그렇다고 할 수는 없어도, 대부분의 상호보완주의자는 그렇다는 것이 내 주장이다.

이와 같은 갈등과 열기 속에서, 우리는 빛과 진리를 추구해야 한다.

평등주의 복음주의자(egalitarian evangelicals)와 상호보완주의 복음주의자(complementarian evangelicals)는 둘 다 성경과 복음에 충실하려고 노력한다. 양쪽 다, 모든 교회의 안녕과 복음의 증진을 위해 마음을 쓴다. 이는, 이러한 주제로 논쟁하되 '복음주의'라는 용어로 자신을 규정하지 않는 사람들 중에서도 그런 경우가 매우 흔하다.

우리가 직면하는 어려움은 격렬한 논쟁을 일으키는 복잡한 이슈를 다루기 때문이다. 신학적·성경적·역사적·문화적·성적·문학적 맥락이 많고 또 서로 중첩돼 있다. 이러한 성경 본문을 해석하는 것이 어렵지 않았다면, 성경을 믿는 수많은 그리스도인과 학자들이 수세기에 걸쳐 그 본문들을 두고 논쟁하지 않았을 것이다.

해석의 복잡성에 더하여, 문화 전쟁(culture wars)으로 인한 불안감도 있다. 전통적이고 보수적인 가치 및 성 역할이라고 여겨지는 것들을 유지하려는 사람들과, 더 진보적이고 사회적으로 자유로운 세계관을 견지하는 사람들이 투쟁한다. 서구에서 교회가 쇠퇴함에 따라, 많은 그리스도인이 보수적이거나 진보적인 자신의 입장을 목숨 걸고 지켜야 할 고지로 여기면서 이러한 문화 전쟁에 휘말려 들었다.

여성이 사역의 주체일 수 있는지의 문제는 이 싸움의 대리전이 되었다. 교회가 문화로부터 위협을 느끼고 자신의 실패와 쇠퇴에 직면해 있을 때, 한두 가지 이슈를 선택하여 우리의 '보수주의' 또는 '진보주의'를 대변해 줄 입장을 취하려는 것은 매우 강한 유혹이다. 여성 해방과 페미니즘에 대한 복음주의의 반응도 예외는 아니었다.

그렇다면, 이러한 상황에서 우리는 어떻게 해야 할까? 내가 모든 해답을 갖고 있다는 뜻은 아니다. 그러나 나는, 우리가 성경을 충실히 해석하려고 노력하면서, 동시에 우리와 다른 결론에 도달한 사람들을 존중해야 한다고 생각한다.

이것은 다른 이들을 희화화하거나 그들의 동기나 의도를 폄하하지 않기로 선택하는 것을 의미한다. 평화와 상호 존중을 추구하고, 대화에 열린 자세로 임하며 서로에게서 배우는 것을 의미한다. 그리고 우리의 교회 회중, 청년들, 학생들에게 여성 사역에 대한 다양한 입장과 씨름할 기회를 주어서, 설령 그들의 결론이 우리와 다르다 할지라도, 그들이 스스로 자신의 결론에 도달할 수 있도록 하는 것을 의미한다. 성경은 베뢰아 유대인들의 고상한 성품을 칭찬한다. 왜냐하면, "베뢰아의 유대 사람들은 데살로니가의 유대 사람들보다 더 고상한 사람들이어서, 아주 기꺼이 말씀을 받아들이고, 그것이 사실인지 알아보려고, 날마다 성경을 상고하였다"(행 17:11).

우리는 또한 변화하는 문화에 대한 우리의 염려와 불안을 인정해야 한다. 우리는 대화와 친교에 대해, 최신 성경 연구에 대해 열려 있어야 한다. 그리고 성경의 이 구절들을 제대로 해석하는 데 얽혀 있는 복잡성을 인정해야 한다.

이 모든 일에 품위와 성숙이 필요하다. 이는 그리스도를 닮는 것을 의미한다. "…겸손한 마음으로 하고, 자기보다 서로 남을 낮게 여기십시오. 또한 여러분은 자기 일만 돌보지 말고, 서로 다른 사람들의 일도 돌보아 주십시오"(빌 2:1-11; 인용은 3-4절).

토론의 중요성 인정하기

솔직히 말하자면, 나는 이런 대화가 거슬리고 피곤하게 느껴지곤 했다. 내가 사는 곳은 복음주의적 보수주의의 심장부인 호주 시드니다. 시드니의 일부 교회들은 성 역할과 여성 사역 금지에 대해 끊임없이 이야기한다. 지칠 만도 한데, 지난 수십 년간 이곳에서는 그 논쟁이 점점 더 뜨거워졌다. 오래된 불신과 적대감은 더 깊어지기만 했다. 그러므로 주제의 중요성을 인정하면서 열린 마음과 대화의 정신으로, 관련 성경 구절들을 새롭게 다시 연구해 보는 것이 중요하다.

리더십에서 여성의 역할에 대한 논의가 중요한 이유는 상당히 많다. 그중 몇 가지를 소개하면 다음과 같다.

첫째, 성경적 진리의 문제가 걸려 있다. 이것은 사소한 문제가 아니다. 우리는 성경과 복음의 메시지에 진실한가? 예수님과 초대 교회의 증언에 충실한가? 우리는 우리 자신의 의제와 이해관계에 맞추어 해석하는가, 아니면 겸손한 마음으로 충실히 읽으면서 진리를 추구하는가? 우리가 성경을 충실히 읽는다면, 그것은 종종 우리의 欲망을 폭로하고, 우리의 견해를 반박하며, 우리의 죄와 연약함을 드러내고, 세상을 보는 우리의 방식을 고쳐 줄 것이다. 우리의 성경 해석이 우리의 문화를 부정하는지 긍정하는지는 중요하지 않다. 문화를 부정하는 것이 성경에 충실하다는 징표는 아니다. 중요한 것은 하나님의 인정과 "진리의 말씀을 올바르게 가르치는" 것(딤후 2:15)이다.

성경적 진리와 복음에 대한 충실함이 우리가 우리 문화에 동의하느냐 동의하지 않느냐보다 더 중요하다. 우리는 진영 싸움과 점수 매기기를 버리고 기도와 겸손의 정신으로 하나님의 진리를 추구해야 한다.

둘째, 여성은 세계 교회의 50퍼센트 이상을 구성한다. 이 논의는 모든 신자의 절반 이상에 영향을 미치는 문제이기 때문에, 우리가 이와 관련된 성경을 정확히 해석하고 있는지를 확실히 해야 할 것이다. 교회의 절반이 넘는 이들에게, 공적으로 가르치기와 설교하기를 금지하거나 고위 리더가 되는 것을 막으려 한다면 그 전에 내가 관련 성경 본문을 옳게 해석하고 있는지를 확실히 하는 것이 좋다. 그렇게 큰 규모의 신자들에게 그러한 사역을 하도록 권장하고자 할 때도, 그 전에 동일한 일을 해야 할 것이다. 이 일을 잘못했을 때의 영향은 실로 막대하다. 신자들의 안녕과 교회들의 건강뿐 아니라, 증인으로서 우리 발언의 효력에도 그 영향이 미친다.

셋째, 역사적으로 여성은 많은 문화권에서 억압받고 이용당해 왔다. 예수님은 여성을 존중하셨고, 그들을 수치, 무시, 모멸감에서 해방시켜 주셨다. 그분의 행동은 당시 사회와 분명한 대조를 이루었고, 초대교회는 주님을 본받아 여성을 존중하고자 노력했다. 앞서 말했듯이, 한편으로는 로마 제국의 모든 여성이 여성과 그 자녀에게 자유와 존중을 제공하는 기독교로 개종하지 않은 것이 놀라울 정도다. 안타깝게도 교회는 여러 시대에 걸쳐, 그리고 다양한 문화와 맥락에 걸쳐, 여성을 항상 그와 같이 대하지는 않았다. 우리의 문화가 일깨워 주듯이, 여성과 소녀는 종종 교회와 교회의 리더들에게 학대와 착취를 당해 왔다. 이것은 상호보완주의나 평등주의 입장에 관한 논쟁이 아니다. 왜냐하면 나는 성경 본문을 그 자체의 의미에 따라 취해야 한다고 믿기 때문이다. 우리가 어떤 입장을 취하든, 그 입장이 여성이든 아이든 남성이든 동등하게, 모든 사람이 존엄성과 존중과 자유와 지지를 누리는 결과를 참으로 만들어 내는지를 확인해야 한다.

이러한 이유와 다른 많은 이유로 인해, 교회에서 여성의 가르침과 리더십이라는 문제는 오늘날 중요하다. 우리는 이것을 성경적·역사적·신학적으로 신중하고 성숙하게 다루어야 한다.

영적인 기회와 도전에 대처하기

이 논쟁에 참여할 때 우리는 많은 도전을 마주하며, 우리가 확신하는 바에 따른 결과와 씨름한다.

광범위한 교단 전통과 신학 체계 내에서 여성 사역에 대한 우리의 견해가 어디에 위치하는가를 깨닫는 것은 쉽지 않은 도전이다. 여성 사역에 대한 우리의 견해는 전통 및 신학 체계와 교회 문화에 어떤 영향을 받고 어떻게 형성되었을까? 칼뱅주의자가 상호보완주의의 한 형태를 나타내는 경향이 있는 것이나, 오순절교회, 침례교회, 회중교회에서 평등주의자가 더 많이 발견되는 것은 우연의 일치일까? 그것은 우리가 성경을 읽고 해석하는 방식에 일관성이 있기 때문일까? 아니면 우리가 완전히 전적으로, 의심할 여지 없이 온전한 신학적 세계관을 획득했기 때문일까? 만약 우리 스스로 성경을 직접 고찰한다면, 우리는 정말로 대부분의 이슈에서 우리의 담당 목회자나 우리가 속한 교단, 또는 우리가 선호하는 신학적 입장과 동일한 입장을 취하게 될까? 나는 그것이 매우 의심스럽다. 독자적으로 어떠한 확신에 이른다는 것은 어려운 작업이다. 그러나 그것은 기독교적 성숙과 제자도의 결과물이기도 하다.

또 다른 도전은 전적으로 '보수적'이거나 '진보적'인 입장을 거부하는 것이다. (그리고 다른 사람을 그런 식으로 희화화하기를 거부하는 것이다.) 성숙한 사람이라면 정의의 문제에서는 진보적이지만 성 역할 문제에서는 보수적인 확신을 가질 수 있다. 또는 성 역할에 대해서는 진보적이지만 낙태에 대해서는 보수적일 수 있다. 우리는 성경을 해석하는 일관성 있는 접근법(성서 해석학)을 개발하고, 그것을 각각의 경우에 충실하게 적용할 필요가 있다.

마지막으로 제시할 도전은 지적이고 영적인 겸손과 용기에 관한 것이다. 우리가 일단 한 가지 입장을 택하고 나면, 그것은 자존심과 자아에 의해 지배되기 쉽다. 우리는 우리의 입장을 고수하고, 바꾸려 하지 않는다. 그러나 우리가 성경의 가르침에 정직하고 예수님과 복음에 충실하기를 바란다면 기꺼이 변화해야 한다. 변화는 어렵다. 고통스러울 수 있다. 용기가 필요하다. 그리고 우리의 새로운 견해가 우리 주변 사람(과 특별히 우리의 교회 리더)의 입장과 상반된다면, 변화를 위해 개인적으로 큰 대가를 치러야 할 수도 있다. 그러나 변화는 제자도와 영적 성장의 일부다. 그리고 그것은 지적이고 영적인 깊이와 겸손을 요구한다. 예수님은 자신의 삶을 통하여 겸손과 자기희생이 고통스럽고 큰 대가를 치러야 하는 것이며 용기와 이타심이 필요한 것임을 우리에게 보여 주셨다.

상호보완주의와 평등주의 입장 요약

더 깊이 들어가기 전에, 상호보완주의와 평등주의 입장이 무엇을 의미하는지 요약할 필요가 있다.

마이클 버드(Michael Bird)는 『부르주아 아기들, 뽐내는 아내들, 보비 헤어스타일』(*Bourgeois Babes, Bossy Wives, and Bobby Haircuts*)이라는 책에서 각 진영의 견해에 대해 유용한 설명을 제시한다.[3] 그는 아마도 (최소한) 네 가지의 입장이 있다고 옳게 주장한다. 곧 기독교 페미

---

3 Bird, *Bourgeois Babes, Bossy Wives, and Bobby Haircuts*, pp. 16-18.

니즘(Christian Feminism), 복음주의적 평등주의(Evangelical Egalitarianism), 온건한 상호보완주의(Moderate Complementarianism), 위계적 상호보완주의(Hierarchical Complementarianism)가 그것이다. 버드는 이 네 가지 입장의 특징을 다음과 같이 설명한다.

기독교 페미니스트는 성별의 차이를 부정하고, 여성을 억압받는 집단으로 본다. 여성은 성경의 가부장적인 이야기와 주제를 포함한 남성 지배에서 자유로워져야 한다.

복음주의적 평등주의자는 가정과 교회에서 남녀 사이의 평등을 지지한다. 여성은 교회에서 그들의 성별이 아닌 은사와 부르심에 기초하여, 어떤 직분이든 맡을 수 있고 어떤 사역이든 행할 수 있다. 여성 사역을 제한하는 것처럼 보이는 바울의 본문들은 특정 상황에서 주어진 개별적인 가르침이지, 보편적인 금지가 아니다.

온건한 상호보완주의자는 여성이 여성과 아이를 가르치는 것은 격려하지만, 담임 목회자나 말씀과 치리를 할 수 있는 목사(teaching elder) 같은 교회의 직분을 맡는 것은 금지한다. 여성이 남성과 여성이 모두 포함된 회중에게 메시지를 전하는 것은 남성 목회자나 장로의 감독하에서만 가능하다.

위계적 상호보완주의자는 여성 사역을 아이와 다른 여성에 대한 리더십으로 제한한다. 여성은 교회에서 남성에게 권위를 행사할 수 있는 어떤 리더의 직분이나 기능도 할 수 없다.

물론, '상호보완주의자'와 '평등주의자'라는 용어는 최근에 창안된 것이고, 항상 도움이 되는 것도 아니다. 케빈 자일스(Kevin Giles)

는 이 용어들의 기원과 발전에 대한 유용한 배경을 제시한다.[4] 이름표(labels)는 오해를 일으킬 수 있고, 원치 않게 따라오는 짐도 많다. 그럼에도 불구하고, 우리는 이 용어들이 의미하는 바를 이해해야 한다.

잘못된 주장 폐기하기

왜 그리스도인들은 여성이 교회에서 할 수 있는 사역을 제한하려고 할까? 클라인 스노드그래스(Klyne Snodgrass)는 다음과 같이 주장한다. "초대교회에서는 당연히 이 질문을 이상하다고 생각했을 것이다. 여성 사역을 제한하는 이유는 오직 세 가지뿐이다. 가부장제 전통, 신약의 두 군데(고전 14:33-38과 딤전 2:9-15)의 영향, 교회 직분에 대한 부당하고 부풀려진 견해다."[5]

스노드그래스는 이어서, 여성의 제한 없는 사역을 위해 성경의 사례를 살펴보려면 세 가지 오해를 다루어야 한다고 말한다. 나는 이것을 다소 길게 인용하려 하는데, 이 내용이 논의 초반에 다루어져야 하기 때문이다.

먼저 세 가지 주장을 하고, 그다음에 그러한 주장을 하게 만든 오해에 대해 다루겠다.

1. 여성 사역을 지지하는 것은 페미니즘의 결과도, 전통적 가치

---

4 Giles, *What the Bible Actually Teaches on Women*, p. 45.
5 Snodgrass, "Case for the Unrestricted Ministry of Women", pp. 1-2.

에 대한 공격도 **아니다**.

첫째 [오해]는 사역하는 여성에 대한 관심을 페미니즘에 따른 결과이자 전통적 가치에 대한 공격이라고 보는 것이다. 비록 페미니즘과 다른 문화적 요소들이 확실히 그 논쟁을 고조시키긴 했지만, 여성 사역이라는 문제가 단순히 페미니즘 때문에 출현한 것은 **아니다**.…전통적 견해가 반드시 기독교적인 것은 아니다. 그러한 견해는 사실상 모든 문화에 존재하며, 결국 가부장제, 여성을 열등하게 보는 시각, 여성에 대한 학대, 여성의 역할 제한으로 이어졌다. 만약 우리가 여성을 제한함으로써 영적으로 더 훌륭한 관습을 보존하고 있다고 생각한다면, 전통적 교회들과 대부분의 다른 교회들에서 나타나는 성 문제, 이혼, 학대 등과 관련된 그리스도인의 행동이 미국이나 유럽 같은 더 넓은 세속 사회의 행동과 다르지 않은 이유는 무엇인가? 신약성경은 과거에나 현재에나 문화적 일탈에 이의를 제기한다. 기독교는 사회가 규정하는 실패에 대한 거부를 옹호하고 구현할 필요가 있다. 교회가 복음의 메시지를 전달하고 살아 내도록 돕는 일에 여성 또한 역할과 책임이 있고 그 일을 위한 은사를 받았다는 사실은 명확하다. 여성이 그 은사를 발휘하지 못한다면 교회는 쇠퇴한다.[6]

상호보완주의자들이 "여성 사역을 지지하는 것은 '포스트젠더

---

6   Snodgrass, "A Case for the Unrestricted Ministry of Women", p. 1.

서구 문화'의 관심과 가치에 따른 '페미니스트 의제'"라고 말하는 것을 얼마나 많이 들었는지 모른다. 그들은 여성 사역을 지지하는 목적이 여성에게 권한을 부여하여 남성에게서 빼앗은 '가부장적이고 세상적인 권력'을 여성의 방식으로 추구하려는 것이라고 주장한다. 그러한 주장은 전혀 사실이 아니며, 무고(false accusations)에 해당한다. 여성 사역을 지지하는 진정한 목적은 전통적이든 진보적이든 그 문화의 가치를 뛰어넘어 성경이 가르치는 바에 충실하려는 것이다. 우리는 예수님이 여성을 대하신 방식에서 무엇을 배우는가? 성경은 여성에 대해, 그리고 여성이 설교와 사역과 선교에 참여하는 것에 대해 진정 무엇을 가르치는가?

2. 여성 사역을 지지하는 것은 성경의 권위를 경시한 결과물이 **아니다.**

두 번째 오해는 이 문제에 대한 판단이 그 사람이 대체로 신학적으로 자유주의적인지 보수주의적인지, 또는 성경의 권위를 온전히 믿는지 여부에 달려 있다고 생각하는 것이다. 이 중 어느 것도 사실이 아니다.…성경의 권위를 똑같이 중시하는 사람들이 논쟁의 양 진영 모두에 존재한다. 실제로 우리 중 많은 사람이 여성의 온전한 사역 참여에 찬성하는데 그것은 성경이 우리를 그런 결론으로 이끌기 때문이다.

또 다른 흔한 잘못된 비난은 여성 사역을 지지하는 사람들이 신학적으로 자유주의적이라거나 성경의 권위를 중시하는 견해를 버렸다는 것이다. 이 역시, 전혀 사실이 아니다. 나는 심지어 일부 상호보완주의자가, 자신들은 '문자적 성경 읽기'를 긍정적으로 수용하는 반면 평등주의자는 그저 '해석'만 제공한다고 말하는 것을 본 적이 있다. 이것은 오해의 소지가 있는 수사법이고, 상당히 부정직하다. 내 경험으로 볼 때, 대부분의 복음주의자와 성경을 믿는 다른 전통의 그리스도인(상호보완주의와 평등주의 진영 모두)은 성경의 권위를 매우 중시한다. 서로를 존중하고, 거짓 비난이나 오해의 소지가 있는 비난은 하지 말자. 우리 모두가 공유하는 목표는 (1) 우리의 온 마음과 영혼과 힘과 뜻을 다하여 주 우리의 하나님을 사랑하는 것, (2) 내 이웃을 내 몸과 같이 사랑하는 것, (3) 복음의 진리와 성경의 말씀을 올바르게 해석하고 가르치는 것, (4) 모두가 구원받을 수 있도록 예수 그리스도의 복음을 전하는 것, (5) 그 결과 우리의 마음과 삶과 교회와 세상이 변화되는 것이다.

3. 여성 사역을 지지하는 것은 성소수자(LGBTI) 지지 문제와 관련이 **없다**.

세 번째 오해는 여성 사역 수용이 동성애 합법화를 수용하기 위한 하나의 단계라는 것이다. 동성애에 대한 두려움은 여성의 제한 없는 사역에 반대하는 일부 논쟁자들에게 동기를 부여하는 요인이지만, 이 두 가지 이슈 사이에는 필연적인 관계가 없으며, 이 두 주제와 관련한 성경 본문 논의에도 해석학적으로 유의미한 차이랄 것이 없다.

여성 사역에 대한 견해와 성소수자에 대한 견해는 아무 관련이 없다. 둘 사이에 어떤 연관성이 있다고 시사하는 것 역시, 매우 부정직하고 기만적인 행위다.

이 세 가지 일반적인 오해를 초반에 다루는 것이 중요한 이유는, 이 오해들이 상호보완주의 입장의 설교, 책, 블로그에 너무 자주 등장하기 때문이다.

오늘날과 역사 속 교회의 여성 리더 존중하기

그리스도인 남성 리더는 자주 인정받고 박수받는다. 하지만 그들의 동시대 여성은 어떤가? 우리는 여성 리더와 여성 사역자를 더욱 많이 주목하고 인정해야 한다. 현재 활동하는 이들은 물론이고 역사 속 여성 리더도 마찬가지다.

여성은, 언제나 그랬듯이, 살아 있는 믿음의 심장박동(the heartbeat of living faith)이다.[7] 다이애나 버틀러 배스(Diana Butler Bass)가 최근 한 인터뷰에서 이 표현을 사용했는데, 나는 그것이 참 마음에 든다. 여성은 기독교 신앙, 제자도, 예배, 사역, 신학, 공동체, 선교의 중심에 있다. 스티븐 베번스(Stephen Bevans)는 오늘날 '평균적인 그리스

---

[7] 이 부분의 내용 중 일부는 내가 "Women are the Heartbeat of Living Faith"라는 제목으로 블로그에 처음 게재했던 글이다.

도인'이 어떻게 여성이고, 흑인이며, 브라질 빈민가나 아프리카의 마을에 사는지를 설명한다.[8] 전 세계적으로 그리스도인 여성은 남성보다 더 영적으로 적극적이며 핍박도 더 많이 받는다.

최근 다이애나 버틀러 배스는 다음과 같이 썼다.

> 나는 우리가 결국에는 '그리스도인 여성 리더'가 기독교 공동체의 어떤 특별한 소수 집단이라는 생각을 극복하기를 바란다. 여성은 전 세계 그리스도인 중 다수를 차지한다. 우리가 살아 있는 믿음의 심장박동이다. 미디어는 남성 리더에 관해, 그다음 순위로는 소수의 권위주의적이고 보수적인 남성에 관해 다루는 데 지나치게 많은 시간을 쓴다. 마치 이들이 교회를 대표하는 목소리인 것처럼 말이다. 그들이 아니다. 여성이다. 모든 여성. 설교하는 여성, 신학 저술을 하는 여성, 기도하는 여성, 봉사하는 여성, 죽어 가는 사람들의 손을 잡아 주는 여성이다. 아이를 돌보고, 굶주린 이를 먹이고, 가난한 이를 끌어안고, 죄수를 찾아가는 여성이다. 그들이 겪은 고통에 대해 눈물 흘리고 애도하는 여성. 그들을 학대한 자들보다 하나님의 사랑이 더 아름답고 신뢰할 만하다는 것을 발견한 여성. 그것이 교회다. 안이한 용서나 당파적인 편견을 모르는 교회, 하지만 은혜와 평화와 자비를 이해하는 교회. 그 교회가 대중적으로 잘 알려지지 않은 이유는 믿음을 삶으로 살아 내느라 너무 바쁘기 때문이다.[9]

---

8 Bevans et al., "Missiology after Bosch", p. 69.
9 2016년 10월 15일 「허핑턴 포스트」(*Huffington Post*)에 실린 캐럴 쿠루빌라

여성은, 언제나 그랬듯이, 살아 있는 믿음의 심장박동이다.

얼마 전부터 나는 레타 할테만 핑거(Reta Halteman Finger)의 글을 읽는 중이다.[10] 그녀는 초대교회의 신학, 공동체, 선교를 형성한 것이 다름 아닌 그 심장부에 있었던 사람들이라는 점을 볼 수 있게 해 주었다. 초대교회에서, 그들은 여성, 가난한 사람, 병든 사람, 배척당한 사람, 힘없는 사람, 소외된 사람이었다. 이들이 고대 교회의 중심핵을 이루고 있었다. 그들은 스스로를 그리스도의 본보기와 사명을 따르는 자라고 이해했다.

물론 남성도 중요한 역할을 했다. 남성은 오늘날 교회에서도 중요한 역할을 하는데, 이는 모든 민족, 언어, 소득, 사회 계층의 여성과 남성과 아이가 그리스도 안에서 함께 새로운 가족이자 새로운 인류가 되기 때문이다. 하지만 수천 년 동안 남성은 모든 권력과 인정과 기회와 목소리를 누렸다. 우리는 살아 있는 믿음의 심장박동인 사람들을 간과해 왔다.

여성과 가난한 사람, 병든 사람, 배척당하는 사람, 힘없는 사람, 소외된 사람은 단순히 초대교회 공동체의 일부가 아니었다. 그들은 단순히 초대교회 공동체에 큰 영향을 미친 것이 아니었다. 그들은 공동체의 심장부에 있었다. 여성, 가난한 사람, 사회적으로 소외된 사람은 헤아릴 수 없이 막대하고 무수한 방식으로 초대교회의 신학, 교제, 봉사, 제자도, 선교를 만들었다.

(Carol Kuruvilla)와의 인터뷰에서 다이애나 버틀러 배스의 발언.
10   Finger, Of Widows and Meals: Communal Meals in the Book of Acts.

예수님은 가족을 새롭게 고안하신다. 그분이 창조하시는 것은 의도가 있는 공동체다. 초대교회는 열린 가정, 경제적 공유, 공동 식사, 영적 가족의 공동체였다. 이 확장된 가족 안에서 사람들은 서로의 경제적·사회적 필요를 채워 주었다. 이 교회들은 후견을 통해 부와 명예를 얻는 방식을 폐기했다. 그들은 매일 가정에서 만났고 함께 둘러앉아 식사를 나누었다. 그들은 성실, 사랑, 믿음, 환영, 환대, 소망, 다양성, 평등, 진실한 대화, 은혜를 소중히 여겼다.

그리고 예수님은 여성을 택하여 이 공동체의 심장부에 있게 하셨다. 그들의 사랑과 환대와 열정이 초대교회를 형성했다.

오늘날 세계 전역에서도 동일하다. 여성은 살아 있는 믿음의 심장박동이다. 그들은 교회의 목소리이자 손이며 심장이다.

예수님은 가족, 식구, 남녀 관계를 새롭게 상상하신다. 이것은 교회에 시사하는 바가 매우 크다. 우리의 신학에, 성별 간 관계에, 공동체의 나눔에, 세상 속 선교에 막대한 영향을 끼친다. 이것은 교회 곳곳의 여성에게 자리에서 일어나, 자기 은사를 사용하고, 리더십을 발휘하도록 해 주었다.

예를 들자면, 뵈뵈는 겐그레아 교회의 존경받는 여성이자 집사(deacon, 새번역은 "일꾼")였고 훌륭한 후원자였다. 사도행전 2, 4, 6장에서 사람들을 맞이하고 섬기는 여성이 때로는 본문 속에 숨겨져 있는 경우가 있다. 하지만 그들은 교회와 선교의 중추다. 이들은 믿음이 단순히 사적이거나 종교적인 일이 아니라는 것을 보여 주었다. 이들의 행동은 우리 삶의 사회적·정치적·성적·경제적·윤리적 측면과 그 밖의 측면을 형성하는 복음의 능력을 드러낸다.

여성은 초대교회를 형성하고, 그 교회를 선교하는 가족으로 전환시키는 데 결정적인 역할을 했다. 그리고 지금도 여전히 같은 일을 하고 있다.

여성이 살아 있는 믿음의 심장박동이라는 것은 우리에게 그리 놀랍지 않다. 도로시 세이어즈(Dorothy Sayers)가 관찰했듯이, 여성들은 다른 남성과 달랐던 한 남성(a Man)을 만났다. 그들은 그분을 따르기로 선택했고, 그분의 환대, 다양성, 평등, 가족적 연대감을 반영하는 교회를 이루었다.[11]

예수님은 여성을 존중하셨고 환영하셨다. 그분은 여성을 초청하여 자신과 함께 새로운 영적 가족을 꾸리는 데 합류하게 하셨다. 그분은 그들을 초청하여 그들이 자신의 사랑과 환대와 화해의 사역을 구현함으로써 그분의 메시지와 비전을 전하게 하셨다. 그분은 그들을 초청하여 그들이 자신의 선교에 온전히 동참하게 하셨다. 그러니, 고대와 현대 교회에서, 지역적으로 또 세계적으로, 여성은 살아 있는 믿음의 심장박동이다.

오늘날과 역사 속에서 우리가 존경할 수 있는 여성 그리스도인 리더의 예는 많다. 그들을 더 많이 기리는 것은 어떨까? 그들의 은사, 열정, 사역은 여성과 남성 모두에게 영감을 줄 수 있다.

나에게 영감을 주는 그리스도인 여성 리더를 몇 명 소개하자면

---

11 Sayers, *Are Women Human?*, p. 69. 『여성은 인간인가?』(IVP).

다음과 같다.

마마 레오(Mama Leo)라고도 알려진 레온시아 로사도 로소(Leoncia Rosado Rosseau)는 이글레시아 크리스티아나 다마스쿠스(Iglesia Cristiana Damascus)를 설립하고 마약 중독자를 위한 사역을 구상했는데, 이는 수년간 선교를 행하는 데 필수적인 시도가 되어 왔다. 로사도 로소는 푸에르토리코의 혁신적인 복음 전도자로서 마약 중독자 재활에 힘썼고 다마스쿠스 기독교회를 창립했다. 그녀는 여성의 권리를 위해 싸웠고, 사역과 사회에서의 성차별에 맞서 투쟁했다. 그녀의 보살핌과 열정, 개척 정신과 예언자적 영성을 통해 너무나 많은 사람이 삶을 변화시키는 데 도움을 받았다. 로사도 로소의 사역과 목회적 돌봄으로 많은 중독자가 변화되었고, 그러한 그녀의 모습은 기독교 사역을 하는 젊은 여성 세대에게 롤 모델이 되었다.

엘린 사르키시안(Elin Sarkissian)은 두 번째 페르시아어 예배 앨범을 제작 중이다. 그녀의 음악과 인터뷰는 국제적으로 방송되며, 이란과 세계 여러 나라에 소망에 대한 하나님의 메시지를 전해 주었다.

메리케이트 모스(MaryKate Morse)는 포틀랜드 신학교에서 리더십 및 영성 형성에 관한 목회학 박사 과정의 리더십 교수이자 리드 멘토로 섬기고 있다. 그녀는 프렌드 교파의 사역자로, 교회 두 곳을 개척했고 선교사로 활동했으며 교회 안에서 여성 리더가 되는 것의 어려움을 잘 이해한다. 두 권의 책을 저술했고, '미시오 얼라이언스'(Missio Alliance)에 참여하고 있으며, 세계 각국을 다니며 리더십, 교회, 영성 형성에 대해 강연한다. 문화 및 사회적 이슈를 통찰력 있게 설명하며, 또한 영적 지도자이기도 하다. 그녀는 많은 일을 이루었지만, 그녀의 이야기와 그녀가 영적 리더로서 헌신한 일은 여전히 수많은 이들에게 영감을 주고 있다.

일레인 매코맥(Elaine McCormack)은 1960년대에 호주 NSW/ACT주에 있는 침례신학대학을 졸업한 최초의 여성 중 한 명이다. 그녀는 독신 여성으로서 뉴사우스웨일스 노던 리버스 지역에 있는 회중 공동체 세 곳을 돌보면서 믿기 어려울 정도로 열심히 일했다. 다음 세대 호주 여성 목회자를 위한 길을 닦은 것은 바로 일레인과 같은 여성이다.

캐서린 부스는 남편 윌리엄 부스와 함께 구세군을 창설했다. 캐서린의 사역은 대단한 것이었다. 그녀는 빈민가를 방문하여 사람들을 돌보고, 도움이 필요한 아이와 가족에게 음식과 의복을 제공했다. 그녀는 노숙자를 위한 쉼터를 만들고, 구세군이 저임금 노동자에게 더 나은 급여와 환경을 제공하는 공장을 세우는 것을 도왔다. 그녀는 암을 유발하는 화학 물질 사용에 반대하고, 현대판 노예제와 다름없는 일들에 반대하는 캠페인을 벌였다. 또한 사람들이 일자리를 찾는 것을 돕고, 마약 및 알코올 중독자의 삶을 개선하기 위해 일했다. 캐서린은 성매매 종사자의 자유와 존엄성을 위해 노력하고, 여성 및 아동 학대에 반대하는 운동을 벌였다. 그녀는 성평등을 위해 목소리를 높이고, 여성이 설교하고 가르칠 권리를 지지했다. 캐서린은 부흥사이자 사회 개혁가였고, 급진적 기독교 운동의 공동 설립자이자 정치 활동가였으며, 복음 전도자이자 여성 인권 옹호자였다.

필리핀에 살고 있는 멜바 파딜라 매가이(Melba Padilla Maggay)는 작가, 신학자, 정치 활동가, 사회학자이자 매우 존경받는 그리스도인 리더이다. 그녀는 필리핀 케손시티에 본부를 둔 '아시아 교회와 문화 연구소'(Institute for Studies in Asian Church and Culture, ISACC)의 설립자이자 임원이다. 멜바가 국제적 명성과 인정을 얻게 된 것은 저술 활동뿐 아니라 그녀의 사회적·정치적 리더십, 그리고 분열된 공동체를 변화시키는 그녀의 사역을 통해서다. 그녀는 1986년 필리핀에서 일어난 '2월 피플 파워 혁명'(February People Power Uprising) 당시 에드사(EDSA) 도로의 바리케이드에서 개신교 세력을 조직하는 데 중요한 역할을 했다. 멜바가 설립한 ISACC의 비전은 "그리스도의 복음이 아시아의 여러 문화에 깊이 뿌리내려서 [아시아 문화들이] 그 가치에 동참하고 정의와 공의의 사회로 나아갈 힘을 얻는 것을 보는 것"이다.[12]

타라 베스 리치(Tara Beth Leach)는 남캘리포니아에 있는 패서디나 나사렛 제일교회(First Church of the Nazarene of Pasadena, 'PazNaz')의 담임 목사다. 그녀는 「미시오 얼라이언스」의 고정 필진이며, 「크리스채너티 투데이」, 「크리스천 위크」, 「지저스 크리드」와 같은 다른 출판물에도 글을 기고해 왔다. 그녀의 책 『담대해지다: 사역에서 여성의 권한 강화를 위한 비전』(*Emboldened: A Vision for Empowering Women in Ministry*)은 새로운 세대 여성과 남성 그리스도인 리더에게 격려와

---

12 http://isaccnet.weebly.com/about-us.html.

영감을 준다.

루스 파디야 드보스트(Ruth Padilla DeBorst)는 학제간신학연구 센터(Centro de Estudios Teológicos Interdisciplinarios)의 학장이다. 루스는 총체적 도시 선교에 대해 선도적 목소리를 내는 세계적 인물로, 라틴아메리카 신학 협회, 미가 글로벌(Micah Global), INFEMIT(변혁으로서의 선교를 위한 국제 펠로우십)에서 리더십에 관여하고 있다. 루스의 가족은 수년 동안 라틴 아메리카(와 전 세계)에서 총체적 선교, 리더십 개발, 신학 교육에 참여해 왔다. 루스는 현재 코스타리카에서 남편 제임스 파디야 드보스트와 다문화 복합 가정을 이루어 함께 자녀를 양육하고, 까사 어도비(Casa Adobe) 구성원들과 공동체 생활을 하고 있다. 총체적 선교, 통전적 신학 교육, 가난한 사람들 속에서 함께하는 봉사, 변혁적 지역 공동체 양성에 관한 루스의 시각은 예언자적이다.

줄리아 베어드(Julia Baird)는 뛰어난 학자이자 공공 지식인(public intellectual; 사회의 공적 관심사에 직접 참여·비판하는 지식인—옮긴이)으로서, 정의, 평등, 종교 등의 분야에서 더 넓은 지역사회에 지속적으로 탁월한 공헌을 해 왔다. 줄리아는 사회와 종교 분야에서 호주 및 국제 사회에 꾸준히 의미 있는 공헌을 해 온 헌신적인 그리스도인이다. 호주에서는 언론인, 방송인, 작가로 잘 알려져 있으며, ABC TV〈더 드럼〉(The Drum)의 진행자이기도 하다. 줄리아는 최근 그리스도인 및 목회자 가정의 가정 내 학대에 대한 광범위한 조사로 전국적으로 더 유명해졌다. 2017년 중반, 호주의 텔레비전 시사 프로그

램 〈ABC 7.30 리포트〉에서 발표한 그녀의 조사 결과는 얼마나 많은 그리스도인 여성이 가정 내 학대를 견디는지를 보여 주었다. 그녀는 이 조사에서 교회 심리학사, 각 교단 지도자, 성직자는 물론 수십 명의 가정 내 학대 생존자와 인터뷰를 진행했다. 또한 가정폭력과 이슬람에 대해서도(비록 기독교 내 폭력에 대한 조사가 가장 많은 관심을 받았지만) 자세히 다룬다. 줄리아는 여성의 목소리가 들릴 때 변화가 일어날 것이라고 말한다.

펠리서티 힐(Felicity Hill)은 이제껏 내가 만나 본 가장 재능 있는 그리스도인 리더 중 한 명이다. 그녀는 엄청난 기량과 열정적 헌신으로 시드니에 있는 수백만 달러짜리 노인 요양시설을 감독한다. 그녀는 수백 명에 달하는 직원과 거주자 및 그 가족을 애정과 존엄과 배려로 대하며, 뛰어난 은사를 가진 그리스도인 리더이자 관리자로 널리 인정받는다. 펠리서티는 사람에 대한 열정을 가지고 그들의 성공을 바라며 모두가 양질의 보살핌과 애정을 받을 수 있도록 보장한다.

조 색스턴(Jo Saxton)은 작가, 강연자, 리더십 코치, 비전가, 사업가로, 여성에게 힘을 실어 주고 사회의 고정관념에 도전하며 사람들이 자기 자신을 하나님이 보시는 방식대로 바라봄으로써 자신이 진정 누구인지 발견하도록 돕는다. 나이지리아인 부모에게서 태어나 런던에서 자란 조는 리더십에 다문화적이고 국제적인 관점을 적용한다. 그녀는 영국과 미국의 여러 교회에서 직원으로, 한 비영리 단체에서 이사장으로 일했다. 조는 여성 리더에게 투자하고 교육하는 프로그램인 에제르 공동체(Ezer Collective)의 창립자다. 그녀는 또한 스테프 오브라이언(Steph O'Brien)과 함께하는 인기 팟캐스트 〈리드 스토리: 인생 리더십 이야기〉(Lead Stories: Tales of Leadership in Life)의 총괄 프로듀서이자 공동 진행자이기도 하다.

김지선(Grace Ji-Sun Kim)은 주목할 만한 한국계 미국인 학자로, 열여섯 권의 책과 70편이 넘는 글과 원고를 집필하거나 편집했다. 예수님과 그분의 백성을 향한 그녀의 열정은 정말로 고무적이다.

오늘날과 역사 속의 교회를 두루 살피다 보면, 리더십과 목회에서 수백만 명의 여성을 보게 된다. 그들은 때때로 공적이고 눈에 띄는 역할을 하기도 하지만, 보통은 눈에 띄지 않게 조용히 하나님의 백성을 섬기며 세상을 더 나은 곳으로 만들기 위해 일하고 있다. 그들은 모든 문화, 언어, 신학적 전통, 민족, 나이, 시대, 대륙에서 볼 수 있다. 여성은 항상 교회의 과반을 차지해 왔기 때문에 여성이 교회와 세상에서 그렇게 많은 사역을 한다는 것은 놀랄 일이 아니다.

하나님의 백성은 오늘날과 역사 속의 리더인 여성을 인정하고 존중하는 데 훨씬 더 능숙해져야 한다.

제2강
성경적 평등에 대한 성경 속 사례

이제 사역하는 여성에 대한 성경의 사례로 눈을 돌려 보자. 우리 주 예수 그리스도가 보이신 모범을 먼저 살펴보고, 그다음 여성과 남성에 대한 바울의 가르침에 어떤 배경이 있는지 알아볼 것이다. 초대 교회에서 여성이 어떻게 섬겼는지, 구약과 신약에서 여성이 수행한 리더십 역할은 무엇이었는지 살펴볼 것이다. 또한 논란이 많은 성경 구절을 살펴보고 두 가지 질문을 할 것이다. 첫째, 그 구절은 그리스도 안에 있는 여성과 남성에 대해 우리에게 무엇을 말하는가? 둘째, 오늘날 우리는 그 구절을 어떻게 사용하는가?

예수님이 여성을 존중하신 방식 모방하기
— 요한복음 4장; 누가복음 10, 24장; 마가복음 14장

종교는 우리를 억압할 수도 있고 자유롭게 할 수도 있다. 이 부분에서는 기독교도 다른 종교와 마찬가지다. 나는 기독교 신학이 여성의 권리, 독립성, 리더십, 공동체 기여를 심각하게 제한하는 데 이용되는 방식 때문에 여성 그리스도인이 좌절감을 표현하는 것을 수없이 들어 왔다. 그들은 소속 교회와 리더에게 무시당한다고 느낀다. 그들은 자신의 은사와 공동체에 대한 기여가 저평가된다고 느낀다. 그

들은 자신의 권리가 제한받는다고 느낀다. 그들은 자신의 목소리가 전달되지 않는다고 느낀다. 그들은 자신이 사람들을 이끄는 리더로 부름받았지만 그렇게 할 수 없다고 느낀다. 그들은 기독교 신앙의 역사에서 여성 리더의 많은 사례를 발견하고 왜 자신은 그들처럼 이끌면 안 되는지 묻는다. 이것은 기독교 교리와 성경에 따른 결론인가? 아니면 여성 리더십을 제한하는 기독교 공동체 가운데 흐르는 또 다른 어떤 것인가?

종교는 여성에게 손해를 입히고, 억압하고, 침묵시키고, 무시할 수 있다. 그러나 믿음의 공동체는 여성을 존중하고, 높이고, 소중히 여기고, 축하하고, 경청하고, 존경할 수 있다.

그리스도인으로서, 우리의 교회와 단체 안에는 '테이블에 앉은 여성'(women at the table; 충분한 권한이 주어진 여성을 의미한다—옮긴이)이 필요하다. 테이블에 앉은 여성이 없다면 우리는 아주 많은 것을 잃게 되고, 여성이 스스로 하찮고 가치 없다고 느끼며 자신의 믿음을 의심하거나 포기하도록 조장하는 것이다. 종교 기관은 왜 그토록 남성에 의해, 특히 그들의 자존심(ego)과 불안에 의해 지배되는가? 테이블에 앉은 여성이 없이는 강하고 깊고 다양한, 성령이 이끄시는 공동체를 만들 수 없다.

종교는 여성의 목소리를 증폭시키는 데 중요한 역할을 한다. 너무 오랫동안, 서구 문화는 여성 해방을 위한 경제적·정치적 힘의 역할에만 초점을 맞추어 왔다. 하지만 많은 이들의 삶에서 종교의 중요성을 감안할 때, 여성의 목소리가 확대되고 여성의 기여가 제대로 평가받기 위해 종교가 해야 할 역할을 고민하지 않는다면, 우리는 여성이 온전히 존중받고 자유로워지는 것을 결코 볼 수 없을 것이다. 공교의 테이블에 앉을 자리가 없다면, 어떻게 여성이 권리를 가질 수 있겠으며, 환영받고 존중받고 수용된다고 느낄 수 있겠는가?

우리에게는 새로운 서사가 필요하다. 예수님이 하셨던 것처럼, 테이블에 여성이 앉는 것을 환영하는 서사가 필요하다. 이들은 우리의 왜곡되고 역기능적인 성역할 고정관념, 종교 시스템, 차별적 메시지에 도전하도록 도와준다.

예수님은 여성을 존중하셨고 그들이 테이블에 앉는 것을 환영하셨다. 도로시 세이어즈는 예수님을 만난 여성이 그들이 알았던 어떤 누구와도 다른 한 남자(a Man)를 만났다고 말한 바 있다. 그리고 그들은 그분을 따르기로 선택했고, 그분의 환영, 환대, 사랑, 평등을 반영한 교회를 형성했다. 그녀는 다음과 같이 썼다.

요람에 제일 먼저 나타난 것도, 십자가에 제일 마지막까지 남아 있던 것도 여자들이었다는 사실은 놀랄 일이 아닌지도 모릅니다. 그들은 이 남자(Man) 같은 남자를 한 번도 본 적이 없었습니다. 그런 남자가 또 있었던 적이 없으니까요. 선지자이자 선생이었지만 그들에게 결코 잔소리하지 않고, 입에 발린 말이나 구슬리는 말이나 잘 보이려는 말도 전혀 하지 않는 남자. 여자에 관한 실없는 농담을 하거나 "주여, 저를 여자에게서 구원하소서!" 내지는 "주여, 여인들을 불쌍히 여기소서!"라는 식으로 취급하지도 않는 남자. 꾸짖되 짜증 내지 않고,

칭찬하되 거들먹거리지 않는 남자. 여성의 질문과 주장을 진지하게 받아들이고, 여성의 자리를 따로 정하지도, 여성적이기를 요구하지도, 여성이라는 이유로 조롱하지도 않는 남자. 다른 속셈도 없고, 지켜야 할 남자의 자존심 같은 것 때문에 불안해하지도 않는 남자. 여자들을 있는 그대로 받아들이고, 다른 사람의 시선은 전혀 신경 쓰지 않는 남자를요.

전체 복음서 어디에도, 여성을 악하게 만들어 그 자극적 효과를 이용하는 행위나 설교나 비유는 전혀 없습니다. 그 누구도 예수님의 말과 행위에서, 여성의 본성은 무언가 '이상한' 부분이 있다는 결론을 끌어낼 수는 없을 것입니다.[1]

예수님은 여성을 존중하고 환영하셨다. 그분은 새로운 영적 가족을 이루는 일을 함께하자고 그들을 초대하셨다. 그분의 사랑과 환대와 평화를 몸소 구현하여 그분의 메시지와 비전을 전하는 일로 그들을 초대하셨다. 그분은 자신의 선교에 동참하라고 그들을 초대하셨다. 그분은 여성을 더없이 존중하고 환영하셨다.

예수님이 열두 명의 남성 제자를 택하신 것은 부인할 수 없는 사실이다. N. T. 라이트(Wright)가 설명하듯이, 여기에는 실용적이고 문화적인 이유가 있었다. 또한 상징적인 이유도 있었다. 즉 열두 사도는 이스라엘 옛 지파의 남성 우두머리를 상징했다. 그러나 여성은

---

1 Sayers, *Are Women Human?*, pp. 68-69. 『여성은 인간인가?』(IVP).

그분의 사역에 깊이 관여했고, 그분은 기존 문화 및 종교 지도자와 대비되는 방식으로 그들을 존중하셨다.

라이트는 누가복음 10장의 마리아와 마르다 이야기를 하나의 주목할 만한 예로 강조한다. 종종 설교에서 이 이야기를 들을 때면 초점이 마리아의 헌신에 맞춰지곤 한다. 하지만 그것은 이 이야기의 가장 놀라운 부분이 아니다. 라이트는 1세기 독자와 현대 중동 문화권의 많은 독자가 "마리아가 다른 여자들과 함께 뒷방에 머물지 않고 **그 집의 남성 구역 안에서** 예수님 발 앞에 앉아 있었다는 사실"에 경탄했을 것이라고 지적한다.[2]

이것은 말이 나올 만한 반문화적 행동이었다. 그것은 기본적인 사회적 관습을 모두 깨는 것이었다. 예수님은 마리아가 남성들 사이에 앉는 것을 반기셨고 그녀가 거기 있을 충분한 권리가 있다고 선언하셨다. 마르다가 흥분하여 격론한 것도 당연하다! N. T. 라이트는 '선생님의 발아래에 앉는 것'이 수동적인 행동이 아니라고 강조한다. 가말리엘의 발아래에 앉은 바울을 생각해 보라. 학생의 목적은 스승의 가르침을 적극적으로 흡수하는 것, 그렇게 하여 그 자신이 선생이 되는 것이다. 1세기 독자는 이 점을 놓치지 않았을 것이다!

N. T. 라이트는 다음과 같이 결론짓는다. "의심할 여지 없이, 초대교회에서 리더십, 주도권, 책임을 지닌 자리에 있는 여성이 많은 이유 중 적어도 일부가 바로 여기에 있다. 나는 로마서 16장이 그 서

---

2 Wright, "Women's Service in the Church."

신에서 가장 지루한 장이라고 생각해 왔는데, 그 이름들을 연구하고 그들에 대해 생각해 본 지금은 그들이 예수님과 바울의 가르침이 실제로 어떻게 실행되는지를 너무나 강력하게 보여 줬다는 사실에 충격을 받았다."3

케빈 자일스(Kevin Giles)의 책 『성경이 여성에 대해 실제로 가르치는 것들』(What the Bible Actually Teaches on Women)에 "예수, 여성의 가장 좋은 친구"4라는 훌륭한 장이 있다. 그는 우리가 예수님의 모범과 가르침 반대편에 바울을 위치시켜서는 안 된다고 분명하게 말한다. 결국 우리는 예수님의 제자들이다. 그분은 우리 주님이자 구원자시며, 우리의 스승이자 본보기시다. 자일스의 그 글을 읽어 보기 바란다.

케빈 자일스는 예수님이 여성을 대하시는 방식 몇 가지를 관찰했다. 예수님은 여성 제자를 두셨다. 사실, 여성 제자는 그분의 생활과 사역에 깊이 들어가 있었다. 예수님은 차별 없이 남성과 여성 모두에게 자신을 따르라고 초청하셨다(막 8:34). 예수님이 여성에게 다가가는 방식은, 특히 문화적 맥락을 고려할 때 믿기 어려울 정도로 놀라웠다. 그 실례는 무수히 많다. 1세기 유대 사회에서 남성은 자신의 아내가 아닌 여성과 공개적으로 대화하지 않았지만, 예수님은 여성과 대화하셨을 뿐 아니라 그들과 접촉하셨다. 놀라운 일이었다. 당연히 매우 많은 여성이 그분을 따랐다.

케빈 자일스는 설득력 있는 사례 네 가지를 언급한다.

---

3 Wright, "Women's Service in the Church."
4 Giles, *What the Bible Actually Teaches on Women*, ch. 5.

첫째, 요한복음 4장에는 예수님이 우물가에서 한 여성을 만나신 이야기가 나온다. 예수님은 이 여성과 신학적인 대화를 나누신 뒤, 그녀에게 마을로 돌아가 설명하고 복음을 전하게 하신다.

둘째, 마리아와 마르다의 이야기가 나오는 누가복음 10장에서, 예수님은 모든 사회적 관습을 깨고 남자들 사이에 마리아가 들어오는 것을 환영하시고 그녀가 '그분의 발아래 앉도록' 허락하신다. 앞서 언급했듯이, 이것은 가르치는 자의 말씀과 메시지를 가르치려는 의도가 있는 적극적인 '앉기'다. 제자는 가르치는 자가 되기 위하여 자기 스승의 발아래 앉는다. 여성에게 부과된 만연한 제한과 문화적 규범에 맞서는 드라마틱한 도전에 대해 이야기해 보자!

셋째, 마가복음 14장에는 예수님이 한 여성에게 기름 부음을 받으시는 이야기가 나온다. 우리가 놓치지 말아야 할 것은 그녀가 그때까지 남자에게만 주어졌던 예언자적 역할을 맡고 있다는 사실이다. 그녀는 예수님이 메시아이심을 공개적으로 선포한다. 마치 구약 성경의 예언자처럼 왕의 머리에 기름을 부은 그녀의 사역을 예수님은 환영하신다.

넷째, 부활하신 예수님은 여성에게 가장 먼저 나타나신다(마 28:1-10; 막 16:1-8; 눅 24:1-12; 요 20:1-18). 나는 복음서의 이 부분이 정말 좋다. 부활하신 예수님은 가장 먼저 여성들에게 나타나기로 결정하시고, 그들에게 사도적 사명을 주신다. "가서 다른 제자들에게 예수가 살아났다고 전하여라!" 토마스 아퀴나스(Thomas Aquinas)는 이 여성들을 "열두 사도의 사도"(apostles to the twelve apostles)라고 불렀다.

남성 제자들은 겁에 질려 있었고, 희망을 포기한 상태였다. 여성 제자들은 주님을 바라보고 소망하며 기다렸다. 예수님은 그들에게 나타나셔서 사도들에게 복음을 선포하라고 그들을 보내신다. "그분은 전에 말씀하신 대로, 부활하셨다!" 이 여성들이 '열두 사도의 사도'가 되었다. 정말이지 강력하고 중요한 이야기다! 이 이야기는 예수님의 마음에 대해 많은 것을 말해 주며, 또한 그분이 여성을 존중하신 방식에 대해서, 그리고 그분이 여성을 해방시켜 공동체 안에서 동등하고 온전한 기여와 증인 역할을 할 수 있게 하신 것에 대해서도 많은 것을 시사한다. 이것을 안드레아스와 마거릿 쾨스텐버거(Andreas & Margaret Köstenberger)는 다음과 같이 인정했다. "부활하신 예수님은 여성에게 먼저 나타나심으로써, 여성을 효력 있는 법적 증인으로 간주하지 않던 그 시대의 가부장적 문화에 암묵적으로 도전하셨다."[5] 그렇다. 이것은 예수님이 여성을 어떻게 대하셨고 어떻게 존중하셨는지에 대한 이야기다.[6]

그 밖에도 많은 사례가 있다. 이런 이야기를 살펴보기 시작할 때 우리는 왜 초대교회가 여성의 사역과 그들의 목소리를 그토록 존중하고 확대해 갔는지 알게 된다. 그들은 그들의 주님이 세우신 본보기를 따랐던 것이다.

안타깝게도, 교회는 예수 그리스도가 세우신 본보기를 너무 자주 잊어버리고 있다. 예수님은 주류 문화와 대조되는 방식으로 여

---

5 Köstenberger and Köstenberger, *God's Design for Man and Woman*, p. 107.
6 Giles, *What the Bible Actually Teaches on Women*, pp. 83-84.

성을 존중하셨다. 하지만 교회 안에서 이루어진 여성 혐오와 억압과 학대는 너무 자주, 주류 문화를 반영한 것이었다.

도로시 세이어즈는 예수님을 만난 여성이 자신들을 대하시는 그분의 정중한 태도와 그들의 기여와 지위를 높이 평가하시는 그분의 판단에 얼마나 놀랐는지 묘사한다. 그러고는 암울하게 우울한 언급으로 끝을 맺는다. "전체 복음서 어디에도, 여성을 악하게 만들어 그 자극적 효과를 이용하는 행위나 설교나 비유는 전혀 없습니다. 그 누구도 예수님의 말과 행위에서, 여성은 본성적으로 무언가 '이상한'(funny) 부분이 있다는 결론을 끌어낼 수는 없을 것입니다. 그러나 그분의 동시대 사람들에게서는 그것을 쉽게 추론할 수 있습니다. 그분 이전에 온 예언자에게서도, 또한 오늘날 그분의 교회에서도 마찬가지 결론을 끌어낼 수 있습니다. 여성은 인간이 아니다, 누구도 그들이 인간이라고 설득하지 못할 것이다, 그들이 원하는 대로 말하게 두어라, 그래도 우리는 믿지 않을 것이다, 비록 한 분(One)이 죽은 자 가운데서 살아나셨다 할지라도."[7]

이제는 교회가, 그들의 주님의 방식대로, 여성의 완전한 인간성과 공동체 기여와 은사를 확실히 인정해야 할 때다.

---

[7] Sayers, *Are Women Human?*, p. 69.

창세기 신학과 창조 질서 검토하기— 창세기 1-3장

창세기 1-3장은 남자와 여자라는 것이 무엇을 의미하는지, 그리고 우리가 어떻게 서로와 관계를 맺어야 하는지를 이해하는 데 중요한 본문이다. 구약학자 리처드 헤스(Richard Hess)는 말한다. "창세기 1-3장에 나오는 창조, 에덴동산, 타락 이야기는 타락한 우리 세상의 상태에 대해서뿐 아니라 남성과 여성으로서의 인간 본성에 대해, 성경의 다른 어떤 본문보다도 더 많은 교리적 가르침을 담고 있을지 모른다."[8]

일부 상호보완주의자는 창세기를 사용하여 성 역할이 '창조된 질서'(created order)의 일부라고 주장한다. 그러나 창세기 1-3장을 더 면밀히 연구해 보면 그러한 주장은 지지받지 못한다. 사실, 남녀 간의 불평등한 관계를 암시하는 **유일한** 단서는 타락 후에, 타락과 죄악의 부정적 결과로서 등장한다.

창세기 1-3장에서 우리는 남성과 여성이 하나님의 형상으로 동등하게 창조된 것을 본다(창 1:27). 한 사람이 순차적으로 다른 사람보다 먼저 창조되었지만, 그것은 결코 계급적 질서를 의미하지 않는다. 사실 이 본문의 강조점은 친밀감, 연합, 동료애, 사랑에 있다(2:18-25). 하나님은 그들에게 창조세계에 대한 동등한 지배권을 주셔서 공동 청지기(co-stewards)이자 동등한 짝(partner)으로서 창조세계를 함께 돌보게 하셨다(창 1:28). 여성은 '돕는 자'(helper)이자 짝으로 창조되

---

8   Pierce, Groothuis, and Fee, *Discovering Biblical Equality*, p. 79.

었지만, 이 본문에서 그들이 동등하게 함께 섬기는 동등한 짝이 아니라고 시사하는 대목은 없다(창 2:20-24). 또한 이 본문에는 여성이 남성에게 종속된다거나, 혹은 이들이 구별되는 '역할'을 맡았다고 시사하는 대목도 없다. 타락 이후에야 비로소 우리는 갈등과 권력의 암시를 보게 된다. 한 사람이 다른 사람을 지배하려 하고, 적대감과 권력 행사가 일어나기 시작하는 것이다(창 3:16). 그러나 우리는 **새 창조**의 사람들이지, 타락의 사람들이 아니다!

리처드 헤스는 창세기 1-3장에 대해 다음과 같이 썼다. "타락 사건에서 그들이 저지른 죄와 그에 따른 심판의 비통한 결과를 제외하면, 여성 위에 군림할 남성의 권위나 리더십 역할에 대한 언급은 명시적으로든 암묵적으로든 전혀 없다. 타락 이후에조차, 그러한 계급적 질서는 이상적인 모습으로 제시되는 것이 아니라, 땅에서 자라나는 잡초처럼 인간 역사의 현실로서 제시된다. 이 갈등의 평등하고 조화로운 해결책은 [창세기의] 이 본문에서 찾을 수 없지만, 미래의 구원을 기대해 볼 수는 있다."[9]

창세기 1-3장에 바람직한 위계 질서에 대한 암시는 없다. 초점은 동등하게 하나님의 형상으로 지음받았다는 점, 그리고 공동 청지기로 세움받았다는 점, 친밀함, 연합, 사랑에 맞춰져 있다. 이것이 이 본문에 나타난 **진정한** '창조 질서'(order of creation)이며, 이는 어떤 식으로든 전혀 위계적이지 **않다**. 이러한 구절들을 가지고 여성이 남성

---

9   Pierce, Groothuis, and Fee, *Discovering Biblical Equality*, pp. 94-95.

에게 복종하는 것이 '창조된 질서'의 일부라고 이해하는 것은 주관적 **해석**(eisegesis)에 해당한다. 성경 본문의 본래 의미를 그대로 이해하고 받아들이는 대신, 자신의 신념이나 신학적 견해를 본문에 덧씌우는 것이다.

상호보완주의자는 창세기 1-3장이 타락 이전부터 여성이 남성에게 종속되었다는 자신들의 입장을 지지한다고 말하기를 좋아한다. 그러나 그것은 창세기 1-3장에 결코 명시된 바 없으며, 이 본문에 그러한 신학과 세계관을 덧씌워야만 그 결론에 도달할 수 있다. 이것들은 상호보완주의자의 **추론**(inferences)으로서, 대개 개혁주의 신학자들이 바울 서신의 일부 본문에 대한 자신들의 해석을 뒷받침하기 위해 만들어 낸 것들이다. 창세기 1-3장은 여성의 남성 종속에 관하여 어떠한 주장도 하지 않는다.

바울은 신학적 논점을 제시할 때 이따금 창조 이야기를 끌어오지만, 이것은 그 시기에 한정된 특정한 문제를 다루기 위해 일시적으로 사용한 해석이라고 봐야지, 보편적인 행동 규범이나 해석의 기준을 제시한다고 가정해서는 안 된다. "바울은 창세기를 해석하고, 그 다음엔 창세기가 바울을 해석한다."[10] 우리는 이 책 뒷부분에서 '머리 됨'(headship)에 대한 바울의 논의를 살펴볼 것이다. 거기서 나는 바울의 발언이 창세기 1-3장을 위계 질서와 종속성에 초점을 맞추어 읽는 것을 지지하지 않는다는 점을 보일 것이다. 바울의 글은 오히

---

10   Westfall, *Paul and Gender*, p. 62. 『바울과 젠더』(새물결플러스).

려 창세기 1-3장 말씀 그 자체의 의미를 더 긴밀하게 지지하는 방식으로 읽을 수 있다. 하나님은 여자와 남자를 상호성과 평등성, 공동 청지기 정신, 신실성을 위해 지으셨으며, 서로 존엄하고 평등한 온전한 파트너로서 함께 하나님을 사랑하고 하나님을 영화롭게 하도록 만드셨다.

사실 (상호보완주의에 열성적인 이들을 제외한) 거의 모든 현대 구약학자는 창세기 1-3장이 여성과 남성의 완전한 존엄과 평등, 즉 연합, 다름, 사랑, 공동 청지기 정신, 하나님과 서로를 향한 친밀함을 특징으로 하는 아름답고 평등한 파트너십을 제시한다는 데 동의한다. 주의를 집중하라! 가장 뛰어난 현대, 기독교, 복음주의 학자들은 모두 이 지점에 동의한다. 단지 상호보완주의자만이 동의하지 않는데, 이점을 인정하면 바울의 구절들에 대한 그들의 해석이 매우 취약해지기 때문이다.

케빈 자일스는 창세기 1-3장에서 한 가지 규칙이 나온다고 말하는데, 다음과 같다.

두 성의 본질적이고 핵심적인 평등성을 암시하거나 말하는 모든 본문은 창조에 의해 주어진 이상(the creation-given ideal)**을 반영한다. 여성의 종속을 암시하거나 말하는 모든 본문은 타락을 반영한다. 그것들은 하나님이 주신 이상**(the God-given ideal)**이 아니다. 그것들은 그 시대의 문화를 반영하거나, 여성의 종속이 기정사실화된 세상에 사는 여성에게 그 시대에 한정된 실용적 조언을 하거나, 일부 여성의 행동이 범죄를**

야기하는 예외적인 상황을 다루는 것이다. 성경의 신학적 통일성을 지지하고자 하는 모든 복음주의자는 이러한 규칙을 기꺼이 받아들여야 한다.[11]

여성과 남성에 대한 바울의 가르침, 그 배경 조사하기[11]

사도 바울의 글(특히 그중에서도 몇 안 되는 구절들)은 교회에서 여성이 가르치고 이끄는 것을 금지하는 근거로 자주 인용된다. 하지만 그러한 독해가 바울이 말하는 바를 제대로 다루는 것일까?

믿을 만한 수준의 성경 독해와 해석은 최소한 다음 네 가지 맥락을 항상 고려한다.

(1) **성경적 맥락**: 성경의 이 책을 쓴 저자가 다루는 이슈는 무엇인가? 저자는 이 편지나 책을 받아 보는 사람들에게 무엇을 전달하고자 하는가? 저자는 이 책에서 다루는 특정 문제들에 대해 어떤 답을 주는가? 이 구절들은 이 책의 전반적인 주장 및 주제들과 어떻게 연결되는가? 우리가 살펴보는 구절의 바로 앞과 뒤에 있는 구절에서는 무슨 일이 일어나는가? 기억하자. "맥락이 없는 본문은 단지 우리가 그 본문의 의미이길 원하는 바를 위한 구실에 불과하다."[12]

(2) **문학적 맥락**: 이 책은 어떤 장르에 속하고, 그러한 유형의 문학은 어떻게 해석해야 하는가? 성경에는 66권의 책이 있다. 그 책들

---

11 Giles, *What the Bible Actually Teaches on Women*, p. 67.
12 Witherington, *The Indelible Image*, p. 41.

의 문학 장르는 광범위하다. 서사, 법, 시, 격언, 예언, 복음, 비유, 서신, 묵시 등이 포함된다. 성경의 어느 한 책에서 우리가 만나는 문학 유형은 그것을 읽고 적용하는 방법에 큰 차이를 만든다.

 (3) **역사-문화적 맥락**: 우리는 원래의 독자들이 직면했던 역사적이고 문화적인 문제에 관하여 무엇을 아는가? 여기에는 잘못된 가르침(false teaching)이 포함되겠지만, 또한 문화 규범, 가족 구조, 가정의 규율, 성 역할, 주변의 종교와 신화, 유대인과 이방인 신자 간의 갈등 및 더 많은 것도 포함된다. 이 책의 저자는 원래의 독자들이 직면한 역사-문화적 문제와 기회를 어떻게 다루고자 하는가? 기억하자, 바울의 편지를 읽는 것은 전화 통화에서 한쪽 목소리만 듣는 것과 같다. 우리는 고대의 원래 독자들이 바울에게 어떠한 도움을 요청하는지, 바울이 답하고 있는 신학적·역사적·문화적 이슈가 무엇인지 이해하기 위해 매우 열심히 노력해야 한다. 어떤 성경 본문은 단순히 그대로 읽기만 해도 그 구절이 말하는 바를 이해할 수 있는 경우가 많다. 하지만 항상 그런 것은 아니다. 그 단어들은 수천 년 전에 존재했던 문화로부터 우리에게 온 것이다. 표현, 사상, 관습 등의 상당수가 우리에게는 완전히 낯선 것이다. 그 역사적·문화적 배경을 파고들어야만 겨우 한 단락을 이해할 수 있는 경우가 많다. 고대 문화에 대해 배우면 이 고대 본문이 말하는 바를 더 잘 이해할 수 있다.

 (4) **현대적 맥락**: 우리는 이 고대의 책 또는 편지가 제시하는 통찰과 가르침을 우리의 현대 문화에 어떻게 적용하는가? 우리가 이 책을 어떻게 읽는지, 그리고 행간에서 우리가 무엇을 보고 무엇을 보

지 못하는지에 영향을 미치는 우리 문화의 요소들은 무엇인가? 이 본문에서 다른 문화나 다른 시대의 신자들은 분명히 볼 수 있지만 우리는 보거나 이해하지 못하는 것은 무엇인가? 우리의 문화와 교파적 또는 신학적 전통은 우리가 이 본문을 읽고 적용할 때 우리에게 (긍정적이든 부정적이든) 어떤 영향을 미치는가? 이 말씀은 어떻게 우리가 예수님을 사랑하고 복음에 충실하고 성경을 정확하게 해석하도록 이끄는가? 하나님을 영화롭게 하는 담대한 방식으로 이 말씀을 적용한다는 것은 무엇을 의미하는가?

이러한 원리는 여성과 남성에 대한 바울의 가르침의 의미와 배경을 이해하고자 할 때 중요하다.

이 주제에 대한 바울의 가르침의 배경에 있는 네 가지 핵심 사항을 살펴보자.

첫째, **헬레니즘 문화**와 바울의 개인적 배경이다.

둘째, **가정 규범**과 그리스도인의 증인 됨이다.

셋째, **이단**과 잘못된 가르침이다.

넷째, 바울의 말을 이해하는 데 중요한 배경이 되는 **성경적 이슈**다.

1. 헬레니즘 문화와 바울의 개인적 배경

바울의 문화적·종교적 배경은 헬레니즘과 유대교다. 그는 또한 스승 가말리엘로부터도 커다란 영향을 받았다. 일부 부유한 여성은 괜찮은 삶을 누렸지만 1세기 헬레니즘 문화는 여전히 강한 여성 혐오 성향을 지닌 문화였다. 남성은 여성보다 우월한 존재로 여겨졌으며, 여성의 주된 역할은 남성에게 성적 만족을 제공하고, 아이를 낳고, 가정을 돌보는 것이었다. 여성은 남편의 재산으로 취급되었다. 정규 교육을 받지 못했고, 학습과 정치, 사회, 종교에 관한 지적 담론에서 배제되는 경우가 많았다.

필립 페인(Philip Payne)은 여성 평등을 증진하는 새로운 운동이 어떻게 바울 시대에 등장했는지에 주목한다. 1세기 로마법 역시 여성에게 더 많은 권리를 주기 위해 바뀌고 있었다. 그러나 이방 종교들은 여성의 권리만이 아니라 성적 자유와 부도덕한 행위 또한 장려했다. "이것은 바울에게 골치 아픈 문제를 남겼다. '복음에 위배되지 않으면서 어떻게 여성이 그리스도 안에서 기독교의 자유와 평등을 드러내 보일 수 있을까?' 그는 문화적 관습과 충돌함에도 불구하고 여성을 완전한 인간으로 존중함으로써 이를 행한다. 그리고 그는 신중한 태도로 행한다면 여성도 예언할 수 있다고 지지한다(고전 11:4-5)."[13]

바울은 (원로였던) 유명한 스승 가말리엘 1세에게 가르침을 받았다. 가말리엘은 여성에 대해 "대체로 랍비 전통과 뚜렷한 대조를 이루는" 호의적인 견해를 갖고 있었다.[14] 전해지는 가말리엘의 말들은 명백히 여성과 남성을 동등하게 대한다. "여성에 대한 비하적 표현은 전혀 없"으며, 가말리엘은 그 시대의 여성 혐오와 부당한 대우를 명백히 거부한다. "여성에 대한 가말리엘의 긍정적 태도와 그의 특

---

13 Payne, *Man and Woman, One in Christ*, pp. 34-35.
14 Payne, *Man and Woman, One in Christ*, p. 36.

별히 자유로운 정신, 그리고 바울이 자신의 훌륭한 스승에게 느낀 존경심을 고려할 때, 바울이 바리새파 유대교의 큰 특징인 여성 폄하적 시각을 공유했다고 가정하는 것을 경계해야 한다."[15]

헬레니즘 문화, 그리스-로마 사회, 바리새파 유대교는 모두 여성을 열등한 존재로 취급했다. 대체로 여성은 성적 대상으로 여겨졌고, 성적 욕구를 채우고 자녀를 낳아 기르는 일에나 유용하며, 신뢰할 수 없고 나약하고 비이성적인 본성을 지녔다고 생각되었다. 바울의 훌륭한 스승 가말리엘은 이러한 견해를 거부했다. 바울의 주님이자 구원자이신 예수 그리스도도 이러한 견해를 거부하셨다. 마찬가지로 바울 자신도 이러한 견해를 거부했다.

2. 가정 규범과 그리스도인의 증인 됨

여성과 남성에 대한 바울 서신의 구절은 가정 규범과 밀접한 관련이 있으며, 그 당시 사회에서 기독교 교회의 더 넓은 증인 됨과도 관련이 있다.

신시아 롱 웨스트폴(Cynthia Long Westfall)은 바울이 글을 쓸 당시의 그리스-로마 문화에 대해 우리가 이해해야 할 몇 가지 중요한 것들이 있다고 강조한다. 첫째, **명예와 수치의 문화**다. 남성의 명예는 사회적 지위(출생, 부, 계급, 특권 등)와 사회적 역할(직업, 영향력 등)에서 비롯되며, 그에 따라 형성되는 지위와 정체성 감각으로부터 왔

15　Payne, *Man and Woman, One in Christ*, p. 37.

다. 여성의 명예는 그들의 미덕과 여성적 덕목(순결, 겸손, 정숙, 공손한 행동, 정절, 모성)을 구현하는 데서 왔다. 바울은 그리스도인의 증인 됨이 당시 고대 문화 안에서 히디안 명예와 수치의 역학 관계에 매우 밀접하게 연결되어 있다는 사실을 잘 이해하고 있었다.[16]

둘째, **후견인-피후견인 문화**다. 후견(Patronage)은 공동의 이익을 위해(그리고 종종 사회적 지위와 출세를 위해) 상품과 서비스를 상호 교환하는 것이다. 남편과 아내는 보통 이러한 합의에서 불평등한데, 남편은 후견인-후원자이고 아내는 열등한 쪽이다. 이 합의에서 여성의 행동과 미덕은 그녀의 책임이며, 후견인(남편)은 대부분의 권력, 부, 지위, 통제권을 지닌다. "그의 돌봄의 수혜자"로서, 아내의 책임은 "특히 자신의 순종과 정절을 통해 남편을 공경하면서 그에게 존경, 공개적 찬사, 충실한 봉사"로 보답하는 것이다.[17]

셋째, 바울은 그리스도인 여성과 남성이 이러한 문화적 기대를 처리하는 방식이 그리스-로마 문화에서 **교회의 공적 증거에 영향을 미칠 것**임을 예리하게 인식하고 있다. 바로 이 지점에서 머리 가리개(고전 11:3-16)와 가정 규범 같은 것들이 나온다. 머리 가리개를 예로 들어 보자. 고린도 교회에서는 예언과 기도를 할 때 여성이 머리 가리개를 써야 하는지에 대해 다소 혼선이 있었는데, 그것은 특별히 그들이 가정집에서 자주 만났기 때문이다. 바울은 그들에게 그들의 덕성과 정숙함, 가정에 충실함을 드러내는 증표로서 머리 가리개

---

16 Westfall, *Paul and Gender*, pp. 18-19.
17 Westfall, *Paul and Gender*, pp. 21-22.

를 계속 쓰라고 가르친다. 고린도는 성적으로 부도덕하다고 알려진 곳이었고, 그리스도인들은 어떤 희생을 치르더라도 부도덕하다는 인상을 주는 것은 피해야 했다. "그곳의 문화를 요약하면, 여성의 머리카락은 그녀의 여성미를 나타내며, 머리를 치장하는 방식은 그녀의 명예를 나타낸다. 아름다움과 명예는 모두 영광(δόξα, glory)이라는 의미 범주에 속하므로, 바울은 이 본문에서 폭넓은 언어 유희를 할 수 있었다. 공공장소에서 머리카락을 가리는 것은 여성에게 정숙함, 명예, 지위, 보호를 의미했고, 공공장소에서 머리를 노출하는 것은 여성을 불명예스럽게 하고 성적 위험에 빠뜨리는 것을 의미했다."[18]

고린도전서 11:3-16에서 바울의 초점은 여성과 남성의 상대적 지위에 있지 않다. 그의 초점은 하나님의 영광에 있으며, 그의 전반적인 관심은 고린도 지역에서 교회의 공적 평판과 증거에 관한 것이다. 어쩌면 일부 교회 지도자가 머리 가리개를 벗으라고 권장했는데도 사실상 여성들이 그것을 거부했을 수도 있다. 바울의 "초점과 관심은 아내에 대한 남편의 권위와 통제를 강화하거나 증진시키는 것이 아니라, 하나님이 영광을 받으시고, 여성이 기도하고 예언하는 동안 개인적으로 수치나 모욕을 당하지 않으며, 여성이 사역을 하거나 예배를 드리는 동안 그들의 머리카락을 드러냄으로써 그들의 차림을 통해 부적절한 메시지가 전해지지 않도록 확실히 하는 것이다. 만약 여성들이 머리 가리개를 벗으라는 권면을 거부하고 있었다면,

---

18 Westfall, *Paul and Gender*, pp. 30-31.

바울은 교회 지도자들에 맞서는 한이 있더라도 가정 교회와 공동체 안에서 여성의 판단과 명예를 지지하며 그들을 지원하고 있었다."[19] 초점은 하나님의 영광, 그리고 그리스도인의 증언의 신뢰성에 있다.

신약성경의 가정 규범 중 일부는 그리스-로마 문화에서 가져온 것이다. 가정 규범은 남편, 아내, 주인, 종, 자녀 등 다양한 가족 구성원 사이의 관계에 대해 규율을 제시한다(골 3:18-4:1; 엡 5:22-6:9; 딤전 2:9-15; 딛 2:2-10; 벧전 2:13-3:7을 보라). 이러한 성경적 가정 규범은 그리스-로마 문화와 1세기 유대 문화를 차용한 것으로 보이지만, 그리스도인의 도덕성, 공적 증거, 예수의 모범과 말씀에 주의를 기울이면서, 현저하게 그것들을 완화한다. 이러한 규범은 이상과는 거리가 멀지만, 교회가 위협을 받으며 닫힌 문 뒤에서 비밀리에 모이는 상황에서는 도움이 되었다. 그리스도인들은 품행, 덕성, 명예에서 훌륭하고 올바르다는 평가를 확실히 받기를 원했다. 현대 독자는 이 고대 가정 규범을 가지고 무엇을 해야 하는가? 바로 이것이 난제다. 우리는 고대 그리스-로마의 가정 규범을 현대 가정에 어떻게 적용하는가?

내가 그리스도인의 가정 규범을 단순히 그리스-로마 문화에 적응한 일종의 타협이라거나, 실질적 위협 앞에서 살아남기 위한 일종의 생존 전략으로만 본다고 생각하지는 않길 바란다. 데이비드 스탈링(David Starling)도 이것을 경계하면서, 이러한 관계 및 행위의 이유들이 분명 기독교적이라는 것을 놓쳐서는 안 된다고 말한다. 바울은

---

19 Westfall, *Paul and Gender*, p. 42.

"구약성경 및 그리스도의 복음으로 성취된 구약의 약속에 비추어 해석된, 창조자의 목적"을 강조한다.[20]

데이비드 스탈링은 이러한 가정 규범이 '시대를 초월한 윤리의 원형'이라는 견해를 우리가 거부해야 한다고 말한다(종과 주인에 관한 가르침은 이것을 깨닫게 해 주는 예다). 스탈링은 또한, 이러한 규범이 단지 문화적 타협일 뿐 바울이 믿었던 바는 아니라는 견해 역시 거부해야 한다고 말한다(바울이 타협주의적 근거를 제시하지 않고 대신에 깊은 신학적 근거를 제시한다는 사실은 이것이 이야기의 전부가 아님을 깨닫게 해 준다).

그렇다면, 문제는 가정 규범에 내재된 문화적 특수성(종과 주인의 관계 같은)을 고민하면서, 그 규범을 지탱하는 신학적·윤리적 주제들을 인지하고 존중하는 것이다. 이 주제들(가정 규범과 그 주변 본문에 드러나 있는)은 무엇인가? 하나님을 영화롭게 하는 것. 복음을 지키는 것. 윤리적으로 행동하는 것. 하나 되고 성숙해지는 것. 하나님과 그분의 교회와 우리의 이웃을 사랑하는 것. 그리스도의 본을 따르는 것. 기독교적 가치와 제자도를 통해 표현된 자유를 누리는 것. 자제력을 가지고 질서를 유지하는 것. 서로 사랑하고, 그리스도를 경외하기 때문에 서로에게 복종하는 것. 그리스도로 말미암아 화해하는 것. 영적 은사를 계발하는 것. 경건하고 거룩해지는 것. 우리의 산 소망을 위하여 하나님을 예배하고 찬양하는 것. 이 목록은 계속 이어진다!

---

20   Murphy and Starling, *The Gender Conversation*, p. 74.

따라서, 나는 우리의 문화적 맥락 속에서 오늘날 우리가 그 가정 규범들을 어떻게 해석하고 적용해야 하는지에 대해 다음과 같이 신중한 제안을 하고자 한다.

1. 가정 규범들은 특정 문화 내에서 그 문화의 요구와 기대를 충족시키기 위해 만들어졌다는 점을 이해하자. 그러한 문화적 특수성의 영향력은 무시할 수 없다.
2. 그렇다 하더라도 그 규범들이 오늘날 적용될 수 있는 가능성을 일축하지는 말자. 바울은 이러한 가정 규범 중 많은 부분에 대해 신학적으로 훌륭한 근거들을 제시한다.
3. 이러한 가정 규범을 뒷받침하고 영향을 미치는 주요한 신학적·윤리적 주제들을 찾아보자.
4. 이러한 가정 규범들 중에, 다음 제시된 것들을 지키면서 오늘날 실행될 수 있는 것은 무엇인지 질문해 보자.
    a. 이러한 기본적인 윤리적 주제들을 존중할 것
    b. 예수 그리스도의 말씀과 모범을 포함하여 더 넓은 정경적 증언을 지지할 것
    c. 우리의 문화적 맥락 속에서 그리스도인으로서의 증인 됨을 수호할 것
    d. 기독교 공동체의 경건, 질서, 거룩을 유지할 것
5. 오늘날 그 가정 규범들을 해석하고 적용하려 할 때 항상 세 가지를 명심하자. 첫째, 이것을 통해 우리는 어떻게 하나님을 영

화롭게 하고 있는가? 둘째, 우리는 어떻게 복음의 진리를 수호하고 있는가? 셋째, 우리는 어떻게 교회의 증인 됨과 거룩함을 증진시키고 있는가?

3. 이단과 잘못된 가르침

여성과 남성에 대한 바울의 가르침을 이해하기 위해 그 배경을 조사할 때 우리가 반드시 고려해야 할 세 번째 사항은 1세기 교회들 및 교회 주변 문화에 존재했던 이단과 잘못된 가르침들이다.

에베소 교회의 이단이 바로 한 예다. 바울이 디모데에게 편지를 쓴 이유는 여러 가지가 있는데, 그중 하나가 이 에베소 이단을 다루기 위해서였다(딤전 1:3-4a). 많은 학자는 에베소 지역의 아데미(Artemis; 아르테미스) 숭배 신앙이 에베소 교회에 침투했다고 주장한다. "맥락 속에서 읽는 디모데전서 2:12: 에베소 교회 속 이단"이라는 제목의 유용한 블로그 게시물에서 마거릿 모스코(Margaret Mowczko)는 에베소 교회를 위협하던 몇몇 이단을 개략적으로 설명한다.[21] 여기에는 기독교와 이방 종교(예를 들어 아데미 숭배 집단)의 혼합이라든지 기독교 영지주의의 영향 등이 포함되었다. 이러한 잘못된 가르침은 이상한 신화, 끝없는 계보, 특정 음식에 대한 금지, 예수님과 부활에 관한 기이한 신학, 창세기의 창조 기사에 대한 괴상한 해석, 결혼 기피 등을 부추겼다.

---

21 마거릿 모스코의 블로그 게시글을 볼 것, "1 Timothy 2:12 In Context: The Heresy in the Ephesian Church."

필립 페인은 "바울의 에베소 교회 내 거짓 교사에 대한 서술과 여성에 대한 서술 사이의 많은 유사점"에 대해 뛰어난 해석적 연구를 내놓는다.[22] 페인은 이 연구에서, 에베소 교회의 여성들이 이단 신앙에 큰 영향을 받았음을 보여 준다. 에베소의 여성 그리스도인들은 거짓 교사에게 속아 왔다. 이는 강경한 상호보완주의 지지자인 무(Moo), 마운스(Mounce), 슈라이너(Schreiner)도 인정하는 바다.

필립 페인은 다음과 같이 결론짓는다.

여성에 관한 문제를 언급하는 디모데전서의 많은 진술은 여성이 교회를 분열시키는 잘못된 가르침의 중심에 있었던 상황을 묘사한다. 이에 대한 증거는 매우 확실하여, 가장 저명한 [상호보완주의] 지지자 세 사람조차 디모데전서 2:12이 여성이 남성을 가르치거나 남성에게 권위를 행사하는 것을 영원히 금지하고 있다는 것을 인정한다. 그들은 각각 "거짓 교사들은 많은 여성을 설득하여 자신들의 교리를 따르도록 만들었다(딤전 5:15; 딤후 3:6-7)", 성경 본문은 "명백하게 여성들만 이단의 영향을 받았다고 묘사한다", "금지령[딤전 2:12]이 내려진 것은 일부 여성이 남성을 가르치고 있었기 때문일 가능성이 있다"고 밝힌다. 디모데전서 2:11-15의 특정 진술들이 어떻게 나오게 되었는지는 바울이 무엇을 금지하고 있는지와 바울이 그에 대해 제시하는 근거를 이해하는 데 중요하다.[23]

---

22 Payne, *Man and Woman, One in Christ*, p. 300.
23 Payne, *Man and Woman, One in Christ*, p. 304.

4. 바울의 말을 이해하게 해 주는 성경적 이슈들

마지막으로, 우리가 바울의 말을 이해하고자 할 때 배경이 되는 성경적 이슈도 살펴보아야 한다. 이것은 바울에 대한 우리의 해석에 영향을 미치며, 다음과 같은 것이 있다.

1. 예수님의 말씀과 삶 그리고 그분이 바울과 교회에 보이신 모범
2. 창세기의 신학과 창조된 질서
3. 교회에서 여성 리더를 존중하고 자유롭게 한 바울의 실천
4. 구약성경과 신약성경에서 리더십을 발휘한 많은 여성의 사례

이 목록의 1번과 2번은 이미 살펴보았으므로, 이제 3번과 4번의 성경적 이슈로 넘어가 보자.

여성이 가르치고 이끌 수 있도록
여성을 존중하고 자유롭게 한 바울의 실천 살펴보기

리더십과 사역에 관해 바울은 섬김에 초점을 둔 은사주의적 견해를 갖고 있었다. 바울에게 모든 사역은 종이신 주님을 본받는 섬김의 행위다. 그리고 모든 사역은 하나님이 택하신 이들에게 그분의 은사를 나누어 주시는, 하나님의 권능을 주시는 임재(empowering presence)로부터 흘러나온다. 고린도전서 12-14장, 로마서 12:3-8, 에베소서 4:11-12은 바울의 리더십 신학에 대한 놀라운 통찰을 제공한다.

"각 사람에게 성령을 나타내 주시는 것은 공동 이익을 위한 것입니다"(고전 12:7). 성령은 하나님의 권능을 주시는 임재다. 예수 그리스도이 성이 하나님의 은사를 온 교회와 모든 믿는 자에게 부어 주셔서, 온 교회가 그리스도 안에서 세워지고, 사역과 선교로 흩어지게 하신다. 이 모든 것은 하나님의 영광을 위해서이며, 그로써 모든 민족이 예수 그리스도를 믿고 구원받을 것이다. 우리는 이 책의 후반부에서 하나님의 권능을 주시는 영이라는 주제를 다시 살펴볼 것이다. 그러나 나는 학자들이 여성 사역이라는 주제를 논할 때 사역에 대한 바울의 은사주의적 이해를 충분히 언급하지 않는 것이 염려된다. 나에게는, 바울의 성령 신학과 은사주의적인 섬김형 사역(service-shaped ministry)의 신학이야말로 누가 그리스도의 교회를 이끌고 사역할 자격이 있는지에 대한 논의의 중심이다. 이에 대해서는 뒤에서 더 자세히 다루겠다.

바울의 말이 여성으로 하여금 대중을 가르치고 그리스도인을 이끄는 것을 금하지 **않는다고** 보는 이유는 많은데, 그중 하나는 바울 자신이 여성에게 섬기고 이끌도록 자유를 주었기 때문이다. 이렇게 보면 디모데전서 2:8-15은 에베소에 있었던 특정 문제를 다루는 내용일 뿐, 여성이 가르치고 이끄는 것을 보편적으로 금지하는 내용이 **아니라고** 볼 수 있다. 다른 **많은** 구절에 따르면 우리는 여성도 남성과 동일한 기준에 따라 섬기고 이끌 수 있다고 믿을 수 있다. 그리고 바울은 여성에게 교회에서 이끌고 섬기고 가르치라고 격려했다. 그러므로 바울이 그렇게 말하게 된 데는 에베소의 상황과 관련된 특별한 무언가가 있음에 **틀림없다**.

케빈 자일스는 이렇게 말한다.

바울의 사역적 **실천**은 그의 사역적 **신학**을 면밀히 반영한다. 문화적 맥락을 고려할 때, 바울이 세운 초대교회들에서 리더의 위치에 있는 여성의 수는 놀라울 정도다. 이것은 그의 로마서 16장에 가장 명확하게 나타나 있다. 그 마지막 장에서 그는 열 명의 여성을 언급하는데, 그중 여덟 명은 이름을 밝히고, 일곱 명에 대해서는 그들의 사역과 리더십을 칭찬한다. 이 여성들은 대부분 어느 정도 사회적 지위가 있는 신분이었음이 거의 확실하다. 바울이 세운 모든 초대교회를 대상으로 하면, 바울이 이름을 언급한 리더들 중 4분의 1 이상이 여성이고 그 수는 열두 명이다.[24]

바울이 사역과 리더십을 인정하며 그 이름을 언급한 여성을 열거해 보자. 바울이 여성을 존중하고 여성이 자유롭게 섬기고, 가르치고, 복음을 전하고, 이끌 수 있는 관행을 만들었다는 것은 명확하다.

바울은 그의 서신에서 다음에 대해 명확하고 긍정적으로 언급한다.
- 여성 예언자(고전 11:5; 참조. 행 2:17; 21:9). 그에게 예언자는 교회에서 '둘째'이고, 교사는 '셋째'(고전 12:28)다. 그는 예언이 교회를 세우기

---

[24] Giles, *What the Bible Actually Teaches on Women*, p. 98.

때문에 가장 중요한 사역이라고 말한다(고전 14:1-13).

- 여성 사도(롬 16:7), "교회 안에…첫째"(고전 12:28).
- 여성 교회 일꾼과 전도자(롬 16:6, 12; 빌 4:3).
- 복음의 '동역자'인 여성(롬 16:3; 빌 4:2-3).
- 가정 교회 지도자인 여성(골 4:15; 고전 1:11; 참조. 행 12:12; 16:14-15, 40 등).
- 여성 집사(롬 16:1; 딤전 3:11).
- 부부 사역 팀(행 18:24-28; 롬 16:7).

가부장적인 문화적 환경을 감안할 때, 1세기 교회에서 기독교 리더십에 관여한 여성의 수는 상당히 놀랍다. 이 증거는 **사역의 사도적 실천**이 가능한 경우에는 언제나 **사역의 사도적 신학과 일치**했음을 의미한다. 이 사례들은 바울이 자신의 주님이자 주인이신 분 이외에는 어느 누구도 행한 적 없는 방식으로 여성을 귀중히 여겼음을 보여 준다.[25]

케빈 자일스는 리더십과 사역에서 바울이 언급한 여성에 대해 다음과 같이 매우 유용하게 요약한다.

뵈뵈 - 로마서 16:1-2

바울은 로마서 16:1-2에서 뵈뵈를 추천한다. 그는 그녀를 디아코니스(*diakonis*)와 프로스타티스(*prostatis*)라고 부른다. 디아코니스는 디아코노이(*diakonoi*, 집사)의 여성형으로, 의미는 동일하다. 바울이 디

---

25 Giles, "Paul and Women."

아코노이라고 부르는 사람은 또 누가 있는가? 자기 자신과 아볼로, 두기고, 에바브라, 디모데 외에는 없다. 뵈뵈는 분명히 높이 평가받는 교회 지도자였다. 뵈뵈는 또한 프로스타티스인데, 신약성경에서 이 단어가 사용된 것은 이곳이 유일하다. 그 의미는 '앞에 서다'(to stand before)이다. 이 단어는 유명한 지도자, 협회의 대표, 사회적 지위가 높은 후원자들에게 사용되었다. 바울은 이 단어를 사용하기에 조금 앞서 "지도하는 사람"(12:8)에 관해 말하면서 이 단어의 한 형태(*ho proistamenous*)를 사용한다. 뵈뵈는 집사였고, 교회에서 높은 사회적 지위를 갖고 있었으며, 고위 리더십을 발휘하고 있었다. 집사들이 또한 공적으로 복음과 성경을 가르쳐야 했다는 사실은 이미 잘 알려져 있다.

브리스가 - 로마서 16:3

브리스가와 아굴라는 1세기 기독교의 확장을 위해 함께 일했다. 바울은 로마서 16:3-5에서 그들을 언급한다. 그들은 매우 주목받는 선교사 부부였다! 브리스가는 심지어 훌륭한 기독교 교사로 알려진 아볼로를 가르치기도 했다. 어떤 이들은 브리스가가 아볼로를 가르친 것이 사적인 일이었다고 주장하면서 이를 평가절하하려 한다. 그러나 바울은 그렇게 말하지 않는다. 바울은 브리스가와 아굴라가 아볼로를 가르쳤다고 말하며, 특히 브리스가와 아굴라가 여러 교회에서 중요한 리더십을 발휘했다는 점을 고려할 때, 이것이 공적으로 이루어진 것이 아니라고 믿을 이유는 없다. 바울은 브리스가와 아굴라를 모두 수네르고이(*sunergoi*, 동료 사역자 또는 동역자)라고 부른다. 바울은 남자들만 '바울 그룹'(Pauline circle) 리더로 받아들인 것이 아니었다. 브리스가가 그들 중에 있었다.

유니아 – 로마서 16:7

유니아가 여성 사도였다는 것은 거의 확실하다(롬 16:7). 그녀는 말하자면 2세대 사도로, 여기에는 바나바, 아볼로, 야고보, 디모데가 속한다. 어떤 이들은 유니아를 선교사 또는 교회 개척가라고 부르는 것이 더 낫다고 주장하려 한다. 그러나 어떤 직함을 쓰든지 간에(나는 바울이 이 구절에서 **사도**를 선호한다고 생각한다) 유니아는 분명히 매우 공적인 방식으로 하나님의 백성을 가르치고, 설교하고, 이끌었다. 그녀는 다른 사도들처럼 '보냄받은 자'였다. 어떤 사람들은 이 구절을 유니아가 사도들**에게** 존경받았다는 의미로 번역할 수 있다고 주장한다. 그러나 사실상 현대의 모든 학자는 "이 맥락에서 그 헬라어는 유니아와 안드로니고가 존경받는 사도로서 바울에게 칭찬받았음을 의미하는 것이 가장 자연스럽다"는 데 동의한다.[26]

엘든 엡(Eldon Epp)은 "기독교의 첫 세대에서 그 이름이 명확하게 거론된 여성 사도가 있었다는 것은 사실로 남아 있고, 우리 시대 그리스도인들은 평신도와 성직자 모두, 반드시 그것을 인정해야 한다(그리고 결국에는 인정하게 될 것이다)"라고 결론짓는다.[27]

---

26 Giles, *What the Bible Actually Teaches on Women*, p. 102.
27 Epp, *Junia*, p. 81.

함께 수고하는 다른 여성

바울이 사역하는 여성을 기리는 일은 여기서 멈추지 않는다!

그는 복음 안에서 함께 수고하는 다른 여성을 언급한다. 마리아, 드루배나, 드루보사, 버시가 복음 안에서 수고(labor)했다(롬 16:6, 12). 이때 바울이 사용한 헬라어 단어(*kopiao*)는 설교하고 가르치는 자기 자신의 수고를 이야기할 때 일관되게 사용하는 단어다. 그는 이 단어를 한결같이 이런 식으로 사용하며, 그래서 이 여성들이 그가 했던 것과 마찬가지로 설교와 가르침에 수고(*kopiao*)하였다는 것은 거의 확실하다.

빌립보서 4:3에서 바울은 유오디아와 순두게를 수네르고이(*sunergoi*), 즉 동료 사역자 또는 동역자라고 말한다. 바울은 가장 신뢰하는 친구들과 동료 지도자들만을 수네르고이라고 부르는데, 글레멘드, 에바브로디도, 디모데, 디도가 그들이다. 바울은 이 남성들과 함께 두 여성(유오디아와 순두게)을 높은 자리에 놓는다.

바울은 계속 나아간다! 그는 교회에서 예언하는 여성과 남성을 모두 긍정적으로 언급하는데(고전 11:4-5), 예언은 가르침만큼이나 공적이고 중요한 역할이었다. 예언자는 교회에서 매우 높은 지위의 공적인 역할을 했다. 여성이 이 역할을 수행했다는 사실을 회피하기 위해서는 그 역할 자체의 중요성을 깎아내려야만 하는데, 바울은 결코 그렇게 하지 않는다!

바울은 또한 1세기 교회에서 가정 교회 지도자로서 가장 중요한 역할인 목회와 가르침을 행한 여성을 언급한다. 루디아(행 16:11-15),

눔바(골 4:15), 높은 확률로 글로에(고전 1:11)가 그들이다. 브리스가와 아굴라는 함께 가정 교회를 이끌었다(롬 16:5; 고전 16:19). 사도행전 역시 데살로니가와 베뢰아 교회를 세운 기둥으로 여성을 언급한다(행 17:4, 12).

바울이 존중을 담아 언급하는 여성 사역자의 긴 명단을 살펴본 필립 페인, 케빈 자일스, 마이클 버드, N. T. 라이트, 고든 피(Gordon Fee), 스캇 맥나이트(Scot McKnight), 클라인 스노드그래스, 마거릿 모스코, 그리고 나 자신과 많은 다른 사람은 바울이 여성 사역을 긍정했음을 부인할 수 없다고 결론짓는다.

여성의 가르침과 리더십에 대한 이러한 인정은 바울의 삶을 인도한 영향력 즉, '성경, 가말리엘, 예수, 성령'[28]과 일치한다. 페인은 계속해서 어떻게 바울의 신학적 신념들이 "남성과 여성에 대한 그의 가르침을 이해하기 위한 틀을 제공하며…남성과 여성의 동등한 지위를 굳게 암시하는지"를 보여 준다.[29]

(내가 옳다고 믿는) 필립 페인에 따르면, 바울이 주장하는 '신학적 공리들'(theological axioms)이 있다. 다음에 소개한 공리들은 페인의 표현이다. 열두 개의 공리는 각각 그리스도 안에서 여성과 남성의 평등을 암시한다.

1. 남성과 여성은 동등하게 하나님의 형상으로 창조되었다(골

---

28 Payne, *Man and Woman, One in Christ*, p. 68.
29 Payne, *Man and Woman, One in Christ*, p. 69.

3:10; 고후 3:18).

2. 남성과 여성은 동등하게 창조 명령과 복을 받았다(창 1:26-30; 딤전 6:17; 고전 10:23-30).

3. 구원받은 자들(남성과 여성)은 동등하게 '그리스도 안'에 있다 (롬 10:12-13; 갈 3:28; 고전 11:11).

4. 섬김이라는 교회 리더십의 본질은 남성과 여성 모두에게 동등하게 적용된다(고전 1-2장; 롬 1:1; 고전 9:19; 갈 1:10; 고전 16:16; 마 20:25-28; 눅 22:25-27).

5. 교회에서 상호 복종하는 것은 여성과 남성의 동등한 지위를 전제로 한다(엡 5:18-21; 요일 4:13; 갈 5:13; 롬 12:10; 엡 4:2).

6. 결혼 관계에서 상호 복종하는 것은 남성과 여성의 평등을 전제로 한다(엡 5:21-22; 골 3:18-19; 딛 2:4).

7. 그리스도의 몸의 하나 됨(oneness)은 남성과 여성의 평등을 전제로 한다(고전 12:25).

8. 만인 제사장(the priesthood of all believers)은 남성과 여성의 평등을 전제로 한다(고후 3:12-18; 골 3:16; 고전 14:26).

9. 성령의 은사는 남성과 여성의 평등을 분명히 드러낸다(고전 12:7; 롬 12:6-8; 고전 12:11, 31; 14:1).

10. 그리스도 안에서의 자유는 남성과 여성의 평등을 전제로 한다(갈 3:28; 5:1; 살전 2:7).

11. 시작된 종말론(inaugurated eschatology)은 남성과 여성의 평등을 요구하며 이 성들(sexes)이 상호 보완한다는 것을 긍정한다

(고전 7장; 딤전 4:3; 엡 2:11-22 등).

12. 그리스도 안에서 남성과 여성은 평등하다(갈 3:28; 약 2:1-13).[30]

당연하게도, 여성이 섬기고 이끌도록 여성을 존중하고 자유롭게 한 바울의 실천은 그의 신학과 일치한다.

구약과 신약에 있는 여성 리더의 사례를 널리 알리기

뵈뵈, 브리스가, 유니아의 이야기는 주목할 만하다. 우리가 보았듯이, 바울은 그들 외에도 교회의 다른 많은 여성 지도자를 언급한다. 이렇게 여성을 지도자로 인정하는 것은 그의 신학적 신념과 사역적 실천에 부합한다. 복음은 여성 중에서도 상당수가 우리 주님을 섬기도록 만든다. 베다니의 마리아는 제자가 선생이 되기 위해 스승의 발 앞에 앉던 당시 전통에 따라 '예수님의 발 앞에 앉은' 제자였다(눅 10:38-42). 요안나(헤롯의 집안 관리자), 막달라 마리아, 수산나 등과 같은 다른 여성 제자들의 이야기도 있다.

성경 본문을 이해하기 위한 지침은 하나의 본문에서 도출한 결론이 성경의 나머지 부분과 서로 연관되고 일치해야 한다는 것이다. 디모데전서 2:11-15에 대한 상호보완주의적 이해는 통합을 불가능하게 만든다.

---

30   Payne, *Man and Woman, One in Christ*, ch. 3.

성경은 성별이 아닌 인격의 자질과 주어진 은사로부터 사역이 흘러나온다는 것을 구체적으로 보여 준다. 각 사람에게 그에 맞는 사역이 주어진다(행 2:17-18; 롬 12:3-8; 고전 12:7-11; 엡 4:7; 벧전 4:10-11).

뵈뵈, 브리스가, 유니아의 이야기만이 우리가 인정하고 추천하는 사례는 아니다. "내 영을 모든 사람에게 부어 주겠다. 너희의 아들들과 너희의 딸들은 예언을…할 것이다"(행 2:17-18)라고 하셨듯이, 성령이 여성을 공적인 리더십과 가르침, 사역의 자리로 담대히 나아가게 하신 사례는 많다. 구약과 신약 전체에서 그 사례를 찾을 수 있다. 우리는 이 이야기를 세상에 알려야 한다!

구약성경에는 리더십과 책임 있는 위치에서 활동한 많은 여성이 있다. 미리암은 모세와 함께 지도자로 인정받았으며, 영적 지도자이자 예언자였다(미 6:4; 출 15:20-21). 드보라는 이스라엘의 사사 중 한 명이었고, 스캇 맥나이트가 지적한 바와 같이 분명 최고 지도자였다(삿 4:4-6).[31] 노아댜는 예언자였다(느 6:14). 훌다도 예언자였다. 사실, 그녀는 "예언자들 위의 예언자"였다. 요시야왕은 백성을 회개시키고 하나님의 언약에 새로이 헌신하도록 이끌어 줄 길잡이를 찾기로 한다. 그는 누구와 상의하는가? 그는 예레미야나 스바냐, 나훔, 하박국, 또는 훌다에게 요청할 수 있었다. 그는 백성이 야웨 하나님께로 돌아오도록 인도하기 위해 여성 예언자 훌다를 선택한다(왕하 22:8-20; 대하 34:19-28). 스캇 맥나이트는 말한다. "훌다가 선택받은 것

31　McKnight, *The Blue Parakeet*, pp. 168-174. 『파란 앵무새』(성서유니온선교회).

은 남성이 없어서가 아니었다. 그녀는 예언자들 중에서 정말 뛰어나기 때문에 선택되었다."[32] 누가복음의 안나 역시 예언자였다(눅 2:36-38). 구약성경에 나오는 다른 유명한 여성으로는 룻, 에스더, 사라, 리브가, 라합이 있다.

신약성경에서도 다양한 리더의 역할을 감당한 여성의 사례를 볼 수 있다. 유니아는 거의 확실히 여성 사도였다(롬 16:7). 이는 오늘날 개신교 신약학자 대부분이 동의하는 바다. 그리고 여성 예언자(눅 2:36; 행 2:17; 21:9; 고전 11:5), 여성 집사(롬 16:1), 가정 교회 여성 지도자(골 4:15), 부부 리더십 팀(행 18:24-28; 롬 16:7)이 있었다. 예수님은 여성과 남성을 동등하게 대하시고 존중하시는 모습을 몸소 보여 주셨다(막 12:40; 눅 8:2; 10:39; 13:10-16; 23:27; 요 4:27). 신약성경의 여성 교회 지도자에 대한 훌륭한 요약은 마거릿 모스코의 블로그 게시물 "신약성경의 여성 교회 지도자"에서 볼 수 있다.[33]

스탠리 그렌츠(Stanley Grenz)는 복음이 "1세기 사회에서 유례없이 여성을 남성과 파트너 관계로 격상시켜 여성의 지위를 혁신적으로 변화시켰다"라고 기록한다.[34]

성경 전체는 하나님이 그분의 백성을 위한 사역을 수행하는 여성을 보시고 기뻐하신다는 것을 보여 준다. 앞의 예를 보면 많은 여성 교사와 리더가 있었다는 것이 분명하다. (예를 들어, 남성과 여성 예

---

32 McKnight, *The Blue Parakeet*, p. 174.
33 Mowczko, "Women Church Leaders in the New Testament."
34 Grenz and Kjesbo, *Women in the Church*, p. 78.

언자의 역할은 교회에서 높은 지위의 역할이었다. 예언이 가르치는 것보다 덜 중요하다고 주장하기는 어려우며, 일부 바울 본문은 예언이 적어도 가르치는 것만큼 중요하다고 말한다. 그리고 가정 교회 지도자는 많은 면에서 목사-교사의 역할과 매우 유사하며, 오늘날 목사-교사에 해당하는 고대의 표현이다.)

여성은 구약성경과 신약성경에서 줄곧 리더십과 사역의 은사들을 발휘했다. 나는 이러한 사례를 설명하는 것은 아무 유익이 없다고 생각한다. 그러는 대신, 우리는 이 여성들과, 그들이 하나님과 그분의 백성을 섬긴 것을 널리 알리고 기려야 한다!

핵심 본문들 살펴보기

남성과 여성에 대해 성경이 무엇을 가르치는지, 여성이 교회에서 수행할 수 있는 역할은 무엇인지 등에 대해 논의할 때 일반적으로 거론되는 바울 서신의 몇몇 구절이 있다. 나는 이제 두 가지 질문을 가지고 이 구절들을 살펴보려 한다. 첫째, 이 구절은 실제로 여성과 남성에 대해 무엇을 가르치는가? 둘째, 우리는 그 구절의 통찰과 가르침을 오늘날 어떻게 적용해야 하는가?

갈라디아서 3:28

유대 사람도 그리스 사람도 없으며, 종도 자유인도 없으며, 남자와 여자가 없습니다. 여러분 모두가 그리스도 예수 안에서 하나이기 때문

입니다. (갈 3:28)

이 중요한 구절은 복음주의의 평등주의 신언 같은 것이 되었다. 하지만 우리는 이것을 정확하게 해석하고 적용하기 위해 신중을 기해야 한다. 바울은 이 구절에서 사역에 대해 말하는 것이 아니다. 그는 그리스도 안에서 하나 되는 것에 대해 말하고 있다. 그는 구원에서의 평등, 그리고 하나님 가족 안에서의 평등에 초점을 맞추고 있다. 예수 그리스도는 둘에서 하나의 가족을 이루어 내셨다. 그리스도를 믿는 모든 사람, 즉 남자, 여자, 종, 자유인, 유대인, 이방인은 이제 이 한 가족의 구성원이다. 예수 그리스도에 대한 믿음은 우리를 통합된, 하나의, 구원받은, 반문화적 가족으로 만든다. "여러분은 모두 그 믿음으로 말미암아 그리스도 예수 안에서 하나님의 자녀들입니다. 여러분은 모두 세례를 받아 그리스도와 하나가 되고, 그리스도를 옷으로 입은 사람들이기 때문입니다"(갈 3:26-27). 이것이 하나님이 아브라함에게 약속하신 가족이다. 이 하나 된 새로운 가족이 이제—성령의 능력으로 하나님의 영광을 위해—예수 그리스도 안에서 나타난다.

바울은 창조된 질서(created order)의 폐지를 주장하는 것이 아니다. 그는 여성과 남성이 구분되지 않는 무성(無性)의 교회를 주장하는 것이 아니다. (또한 유대인과 이방인 사이의 문화적·인종적 차이를 소거하자고 주장하는 것도 결코 아니다.) 예수 그리스도 안에서의 새 창조는 하나님이 남성과 여성을 창조하신 것을 포함하는 창세기 1-3장의 옛 창조를 폐지하지 않는다. 바울은 성별 사이의 다름과 각 성별이 만들어 내는 고유한 공헌들을 결코 과소평가하지 않는다. 영지주의자들과는 대조적으로, 바울은 몸을 중시하며 성별 자체와 성별 간 차이를 존중한다. 여기서 바울은 갈라디아 교회가 유대주의의 영향으로 유대인과 남성에게 특권을 주려는 것에 맞서고 있다. 유대주의자들은 할례를 포함해 유대교 율법의 예식과 관련된 관습을 확립하고자 노력했는데, 그것들은 여성, 이방인, 종이 예배와 기타 교회 생활의 여러 측면에 온전하게 참여하는 것을 효과적으로 배제했을 것이다. 그들은 특히 할례의 중요성을 강조했다. 바울은 말한다. 그러면 안 된다. 여러분이 이제 그리스도 안에서 하나가 되었으니 여성과 남성은 유대인과 이방인이 그렇듯, 동등하고 완전하게 화합되었다. 예수 그리스도의 가족 안에서는 모든 사람이 평등하게 존중받는다. 여러분을 갈라놓고 사랑과 예배로 한 몸이 되지 못하게 하던 모든 장벽이 이제 그리스도 안에서 사라졌다. 여러분은 율법의 속박에서 자유롭게 되었다.

스캇 맥나이트는 다음과 같이 말한다.

이 구절에 대해 많은 것을 말할 수 있고, 말해 왔으며, 말할 것이다. 이것은 어떤 이들에게는 너무 큰 비중을 차지하고 어떤 이들에게는 전통을 위협하는 것이다. 몇 가지만 살펴보자.

1. 구원론(하나님께 나아감)과 교회론(한 사람이 교회에서 할 수 있는 일)을 구별하는 것은 이 구절에 의해 유지될 수 없다. 바울에게는 민족적,

사회 경제적(계급), 성별적 구분이 허물어지는데, 그것은 바울이 여기에서 주장하는 바가 구약성경의 기대를 충족시키기 때문이다.

2. 이 구절의 주제는 구원론이 아니라 **연합**(unity), 즉 이 각각의 집단들이 새로운 한 가족으로 화합한다는 것이며, 따라서 근본적인 방향성은 단순한 구원론이 아니라 **교회론**에 관한 것이다.

3. 그리스도 안에서의 정체성 변화: 한 사람의 정체성은 더 이상 단순히 민족이나 사회 경제적 지위, 성별에 관한 것이 아니라, 그가 그리스도 안의 새로운 가족 내에서 누구인가 하는 것이다. 이는 이러한 현실을 폐하는 것이 아니다. 바울도 고린도전서 7장 등에서 민족적 차이를 인정한다. 그것은 이러한 현실이 사람들 사이에서 그리고 하나님과의 관계에서 경계로 작동하지 않도록 제거하는 것이다.

4. 이 본문에 가장 중요한 구약적 배경은 창세기 1:27(남성과 여성)이 아니라, 이사야 2:1-5; 25:6-8; 51:4; 66:19-21; 미가 4:2-5; 스가랴 14:16; 요엘 2:28-32; 3:1-5에 나타나는 새 창조의 주제다. 바울은 이 주제를 고린도후서 5:14-17과 갈라디아서 6:15에서 전개한다. 나는 다음 생각을 갈라디아서 3:28에 반영할 것을 제안한다.

a. 진정한 한 분 하나님을 함께 **예배**하기 위해 모인 모든 이의 종말론적 모임.

b. **하나님은 모든 사람에게 은사를 주신다**. 모든 민족, 사회 경제적 지위, 성별의 사람에게 하나님의 영으로 은사를 주실 것이고, 그 결과 모든 사람이 사역에 은사가 있게 될 것이다. 갈라디아서 3:28의 배경으로 요엘 2:28-29을 주목하라. "그런 다음에, 내가 모

든 사람에게 나의 영을 부어 주겠다. 너희의 아들딸은 예언을 하고, 노인들은 꿈을 꾸고, 젊은이들은 환상을 볼 것이다. 그때가 되면, 종들에게까지도 남녀를 가리지 않고 나의 영을 부어 주겠다."[35]

이 구절은 종과 자유인에게 사회적 의미가 있다. 유대인과 이방인에게도 사회적 의미가 있다. 왜 우리는 이 구절이 여성과 남성에게도 사회적 의미가 있다고 생각하지 않는가? 여성과 남성에게도 반드시 사회적 의미가 있다. 갈라디아서 3:28의 의미를 '영적인 신분과 연합'으로 제한하려는 이들은 이 구절의 능력을 부정하고, 바울의 이러한 신념이 실제로 초대교회를 형성했던 방식을 부정한다. 더욱이, 고대 세계에서는 누구나 종교적 구분과 성별 구분이 사회적 의미를 가진다는 것을 알았다. 바울은, 낡은(그리고 복음에 반하는) 구분과 계급 체계, 파괴적인 권력 다툼과 우월 의식, 유독한 편견과 공포를 이제 버려야 한다고 말한다. 그것들을 제거하라! 여러분은 이제 예수 그리스도 안에서 모두 하나다. 여러분은 모두 동등하게 가치 있고, 동등하게 사랑받으며, 동등하게 존중받는, 그분 가족의 동등한 일원이다.

그렇다면, 바울은 갈라디아서 3:28에서 표현한 그의 신학적 신념에 내포된 사회적 의미를 어떻게 실천했을까? 그는 이방인들이 교회 생활에서 온전한 참여와 사역을 누릴 권리를 위해 싸웠다(갈

---

[35] McKnight, "Women in Ministry: Galatians 3:28."

2:11-14). 그는 여성이 존중받는 동역자가 되도록 초대했고, 앞서 살펴본 것처럼 교회에서 고위 지도자의 역할을 하도록 그들을 환영했다(롬 16:1-16). 바울은 평등과 연합에 대해 입에 발린 말을 하는 것으로 만족하지 않는다. 여성을 존중하고 높이는 그의 실천은 그의 신학과 일치한다.

로널드 피어스(Ronald W. Pierce)는 중요한 질문을 던진다. "갈라디아서에서 바울은 여성을 새 언약 공동체에서 제 역할을 온전히 감당하는 구성원으로 포함시킨 자신의 선택을 제한하고 있다고 보는 것이 가능할까? 오늘날의 교회에서 이방인이나 종은 제한 없이 모든 수준에서 참여할 수 있고 이들의 참여는 환영받는다. 왜 여성은 안 되는가?"[36]

우리가 여성을 섬김과 리더십에 온전히 참여하는 데서 배제하는 유일한 이유는 몇몇 구절에 대한 해석 때문인데, 이 구절들에 대해서는 뒤에서 살펴볼 것이다. 곧 알게 되겠지만, 그 구절들을 상호보완주의자가 읽는 방식으로 읽을 필요는 없다. 다른 읽기, 바로 성경적 평등에 대한 예수님의 비전을 기리는 방식으로 읽기가 가능하다. 내가 제안하는 평등주의적 읽기(egalitarian reading)는 바울이 갈라디아서 3:28에서 밝힌, 그리스도 안에서 하나 된 새 백성의 혁신적인 성경적 비전과 좀 더 비슷하다.

---

36 Pierce, *Partners in Marriage and Ministry*, p. 43.

고린도전서 7장

남편도 자기 몸을 마음대로 주장하지 못하고, 아내가 주장합니다. (7:4)

남편도 아내를 버리지 말아야 합니다. (7:11)

믿지 않는 남편은 그의 아내로 말미암아 거룩해…졌습니다. (7:14)

오늘 아침 고린도전서 7장을 다시 읽었는데, 이 놀랍도록 평등주의적이고 반문화적인 본문에 다시 한번 감동했다. 고린도 교회를 에워싼 그리스-로마 문화의 규범과는 대조적으로, 바울은 여성과 남성이 결혼 생활에서 동등한 권리를 가진다고 말한다. 우리는 이 말이 1세기 그리스-로마인의 귀에 얼마나 놀라운 것이었을지, 아니, 경악할 만한 것이었을지를 종종 놓친다.

이 장에서 바울은 결혼 생활에서 발생할 수 있는 적어도 열세 가지 문제에서 여성과 남성이 서로 동등한 권리, 의무, 조건, 기대, 명예를 가진다고 말한다(2-5, 10-16, 28, 32-34, 39절).

여자와 남자 모두 믿는 배우자를 가질 자유.
여자와 남자 모두 결혼 생활에 신의를 지키는 것의 중요성.
성관계에서의 상호 존중.
부부 공동의 의무와 동등한 배우자 권리.
자신의 몸을 주장할 권한의 공동 포기.

성관계에 대한 상호 동의와 절제에 대한 상호 동의.

여자와 남자가 헤어지지 말고 화해를 추구하라는 명령.

이혼 및 삶에 시내는 것에 대한 공동 책임.

여자와 남자 모두 믿지 않는 배우자를 거룩하게 할 수 있음.

여자와 남자 모두 믿지 않는 배우자가 떠나면 재혼할 자유.

여자와 남자 모두 결혼하거나 결혼하지 않을 자유.

여자와 남자 모두 배우자가 죽으면 재혼할 자유.

여자와 남자 모두 즐거이 사역에 헌신할 수 있음.

그리스-로마 문화에서 여성은 대부분 열등한 계급이자 성적 대상, 남편의 재산으로 취급되었다. 그들은 결혼 생활에 대한 권리가 거의 없거나 아예 없었다. 앞에서도 말했지만, 기독교가 그들에게 제공한 자유, 존엄성, 평등, 명예를 볼 때, 1세기 로마 제국의 모든 여성이 기독교로 개종하지 않은 것이 놀라울 정도다. 바울은 이 본문에서 고대인의 귀에는 충격적이고 혁명적으로 들렸을 법한 것을 말한다. "남편도 자기 몸을 마음대로 주장하지 못하고, 아내가 주장합니다"(7:4). "남편도 아내를 버리지 말아야 합니다"(7:11). "믿지 않는 남편은 그의 아내로 말미암아 거룩해지고"(7:14). 이 말들은 바울 시대의 가치나 관습과는 극명한 대조를 이루며, 그가 얼마나 여성을 존중하고 높였는지를 보여 준다.

이 구절에서 바울의 표현의 대칭성은 평등과 상호성이라는 주제를 강화한다. 대칭적인 단어와 어구를 통해 남자와 여자는 그들의 동등한 책임과 권리에 따라 동등하게 언급된다. 나아가 바울은 여성의 가치가 결혼 여부에 달려 있지 않다는 점을 분명히 한다(7:34).

현대의 독자들은 때때로 고린도전서 7장 같은 본문의 파급력을 놓칠 수 있다. 이 장에서 바울은 그리스도 안의 평등과 상호성을 특징으로 하는 그리스도인의 결혼과 성별 관계에 대한 비전을 제시한다.

고린도전서 11:2-16

그런데 각 남자의 머리는 그리스도요, 여자의 머리는 남자요, 그리스도의 머리는 하나님이신 것을, 여러분이 알기를 바랍니다. 남자가 머리에 무엇을 쓰고 기도하거나 예언하는 것은 자기 머리를 부끄럽게 하는 것입니다. 그러나 여자가 머리에 무엇을 쓰지 않은 채로 기도하거나 예언하는 것은, 자기 머리를 부끄럽게 하는 것입니다. 그것은 머리를 밀어 버린 것과 꼭 마찬가지입니다. 여자가 머리에 아무것도 쓰지 않으려면, 머리를 깎아야 합니다. 그러나 머리를 깎거나 미는 것이 여자에게 부끄러운 일이면, 머리를 가려야 합니다.

그러나 남자는 하나님의 형상이요, 하나님의 영광이니, 머리를 가려서는 안 됩니다. 그러나 여자는 남자의 영광입니다. 남자가 여자에게서 난 것이 아니라, 여자가 남자에게서 났습니다. 또 남자가 여자를 위하여 지으심을 받은 것이 아니라, 여자가 남자를 위하여 지으심을 받았습니다. 그러므로 여자는 천사들 때문에 그 머리에 권위의 표를 지니고 있어야 합니다. 그러나 주님 안에서는, 남자 없이 여자가 있지 않고, 여자 없이 남자가 있지 않습니다. 여자가 남자에게서 난 것과 마찬가지로, 남자도 여자의 몸에서 났습니다. 그리고 모든 것은 다 하나님에게서 났습니다. (고전 11:3-12)

이것은 복잡한 구절이다. 이 구절이 의미하는 바에 대해 학자들 사이에 큰 견해 차이가 있는 것은 당연하다. 따라서 우리는 이 본문을 이해하기가 어렵다는 것을 인식하며, 조심스럽게 발을 내디뎌야 한다.

바울이 '머리'와 '머리 가리개'에 대해 말한 내용을 살펴보기 전에, 먼저 바울이 고린도 교회에서 공적으로 예언하고 기도하는 여성에 대해 언급한다는 점에 주목할 필요가 있다. 여성은 교회에서 공적인 사역에 참여했고, 바울은 어떤 식으로든 이를 중단해야 한다고 지적하지 않음으로써 이를 긍정한다. 바울은 여성이 공적인 사역을 단념하도록 하지 않고, 그 대신 남성과 여성이 공적인 집회에서 어떻게 행동해야 하는지에 대한 지침을 제시한다. 바울이 '그리스도 안에서 믿는 자의 자유'와, "많은 사람의 이로움을 추구하여, 그들이 구원을 받게" 해야 하는 우리의 공동 책임에 관해 논한 후에 이런 이야기를 한다는 점 또한 주목할 만하다(고전 10:23-11:1).

쾨스텐버거와 같은 일부 상호보완주의자들은 고린도전서 11:2-16을 읽고, "고린도전서 11:2-16은 여성이 **남성의 영적 리더십과 권위 아래** 교회에서 기도하고 예언하는 데 참여할 수 있다고 가르친다"라고 결론짓는다.[37] 하지만 나는 여러분에게, 이러한 가정 **없이** 이 본문을 읽어 보고, 이 본문이 실제로 그렇게 말하는지 보기를 권한다. 나는 이 장을 여러 번 반복해 읽으면서, 바울이 실제로 그런 말을 한 곳을 찾아보려고 노력했지만 찾지 못했다. 이 본문을 그런 식으로 읽게 되는 유일한 이유는 다른 어떤 의도가 있거나 특정 신학적 입장을 가지고 그것에 접근하기 때문이다. 바울은 케팔레(*kephalē*, 머리)에 대해 해석하기 어려운 몇 가지 말을 하지만, 쾨스텐버거의 주장과 같은 말은 결코 하지 않는다.

1. 바울이 말하는 '케팔레'(머리)는 무엇을 가리키는가?

바울은 "그런데 각 남자의 머리는 그리스도요, 여자의 머리는 남자요, 그리스도의 머리는 하나님이신 것을, 여러분이 알기를 바랍니다"(고전 11:3)라고 말한다. 문제는, 이러한 구절에서 '케팔레'(머리)를 통해 바울이 의미하려던 것이 무엇인가 하는 것이다.

고린도전서 11:3은 여성에 대한 남성의 리더십이나 통제권을 증명하고 그로 인해 여성이 목회나 가르치는 역할을 수행하는 것이 부적절함을 입증하는 데 자주 이용되어 왔다. 이 구절에 사용된 '머리'라는 단어는 은유적 용어로, 군주 또는 통치자를 의미하는 것으로 흔히 이해된다. 중추신경계의 기능에 대해 우리가 이해하게 된 것은 비교적 최근의 일이며, 따라서 고대의 저자들은 뇌나 '머리'를 몸에서 일어나는 일의 주요한 감독자로 보지 않았다. 고대인에게 몸의 기능에 대한 중심이자 주권자는 '마음'(heart)이었다(시편에서 '마음'에 대한 언

---

37 Köstenberger and Köstenberger, *God's Design for Man and Woman*, p. 176.

급을 보라). 그러므로 우리는 '머리'가 된다는 것의 의미에 대한 우리의 선입견을 저자가 실제로 의미한 바에 덧씌우지 않도록 세심한 주의를 기울이며 고린도전서 11:3에 접근해야 한다.

그렇지만 여기서 '머리'로 사용된 단어는 때때로 '주권자'나 '통치자' 또는 '권위를 가진 사람'을 의미하기도 한다. 그래서 고린도전서 11장에서 그 단어가 이것을 의미할 가능성에 대하여 간단히 넘어갈 수는 없다.

히브리어로 '머리'(rosh, 로쉬)를 뜻하는 단어는 70인역(LXX)에서 약 30개의 서로 다른 상당 어구로 번역된다. 구약성경은 **로쉬**에 다양한 의미를 부여한다. 주요하게는 강들의 근원(창 2:10), 달(month)의 시작(출 12:2), 길머리(겔 16:25) 등에 사용되었다. 그러므로 히브리 문헌, 특히 구약성경에서 '머리'(rosh)는 사물이나 사람에 대한 지배나 통치와 명확한 관련 없이, 폭넓고 다양한 의미들과 연관될 수 있다. 히브리어 '로쉬'는 '근원'(source) 또는 '기원'(origin)이라는 의미를 내포한다.

헬라어 '머리'(kephalē)라는 단어 역시 그 의미의 범위가 상당하다. 그리스 문학에서 '케팔레'는 종종 '…에 대한 권위'를 의미할 수 있지만, 그것은 또한 '근원' 내지 '기원'을 의미할 수도 있다. 마르쿠스 바르트(Markus Barth)는 저서 『에베소서』(*Ephesians*)에서, '케팔레'가 "창시자(originator), 힘의 근원(power source), 삶의 화려함(life splendor)"의 의미로 사용된 예로서 오르페우스 단편들(Orphic fragments), 플라톤, 클레안테스의 제우스 찬가(Cleanthes's hymn to Zeus)와 다른 스토아 학파들, 마법 파피루스(the magic papyri), 나세네 설교(the Naassene sermon), 중세 초기 만다이즘 문서들(Mandaean documents)을 열거한다.[38] 바르트는 "구약성경과 랍비의 생리학 및 의학 사상은 [몸을 이끄는 것이 무엇보다 뇌라고 본] 플라톤과 플라톤식 자연 과학자들보다는 [몸을 이끄는 것이 우선적으로 마음이라고 본] 아리스토텔레스와 스토아학파의 견해에 더 가깝다"고 말한다.[39] 그러므로 구약성경과 랍비의 생리학 및 의학 사상을 잘 알고 가르쳤던 바울은 남성을 여성에 대한 권위로서보다는 여성의 기원으로서 말하고 있을 가능성이 매우 높다. 랑프(G. W. H. Lampe)가 쓴 『교부 헬라어 어휘집』(*Patristic Greek Lexicon*)에는 고린도전서 11:3의 '케팔레'가 '아르케'(*arche*는 헬라어로 '근원' 또는 '시작'을 의미한다)에 상응한다는 개념을 뒷받침하는 22행짜리 인용문이 실려 있다. 하지만 리처드 세르빈(Richard S. Cervin)과 같은 학자들은 케팔레와 아르케가 상당 어구라는 데 동의하지 않는다는 점도 주목해야 한다(세르빈의 주장에 대해서는 잠시 후 다시 살펴보겠다).

'국가 원수'(head of state)와 같은 용어로 인해 우리는 '머리'가 우월함을 의미하며 여기에 감독 내지 통치의 기능도 포함되는 것으로 연상하게 되었다. '케팔레'라는 단어는 신약성경에 75번 나오며, 매우 다양한 방식으로 사용된다. 예를 들면 다음과 같다. "너희의 머리를 들어라"(눅 21:28), "너희 피가 너희 머리로 돌아갈 것이요"(행 18:6,

---

38 Barth, *Ephesians*, p. 185.
39 Barth, *Ephesians*, p. 189.

개역개정), "여러분 가운데서 아무도 머리카락 하나라도 잃지 않을 것입니다"(행 27:34), "네가 그의 머리 위에다가 숯불을 쌓는 셈이 될 것이다"(롬 12:20), 그리고 집의 "모퉁이의 머릿돌"(막 12:10; 벧전 2:7)도 있다. 그러므로, 우리는 어느 개별 구절에서 '머리'라는 단어의 의미를 미리 결정하지 않도록 매우 주의해야 한다.

많은 학자는 '케팔레'가 '누군가에 대해 권위를 갖는 것'을 의미한다고 가정하는 것은 잘못이라고 말한다. 그보다 '케팔레'는 '강의 머리'(head of a river)에서처럼 '근원'으로서의 관념을 가진다. 우리가 주목한 바와 같이, 바울은 서로 다른 곳에서 '케팔레'를 서로 다른 의미로 사용한다. 어떤 경우에는 '권위'의 의미로, 다른 경우에는 '근원'의 의미로 사용한다. 그렇다면 바울은 고린도전서 11장에서 '케팔레'를 남성이 여성에 대해 권위를 갖는다는 의미로 사용했을까? 아니면 창세기의 설명처럼 남성이 여성의 '근원'이라는 의미로 사용했을까?(창 2:21-22)

"각 남자의 머리는 그리스도요, 여자의 머리는 남자요, 그리스도의 머리는 하나님이신 것을, 여러분이 알기를 바랍니다"(고전 11:3). 만약 사도 바울이 '리더 또는 최상위의 사람'이라는 의미로 '머리'를 사용한다고 확고한 결론을 내린다면, 우리는 이 구절에서 난관에 봉착한다. 그리스도가 남자의 머리이신 것과 같은 의미로 하나님이 그리스도의 머리이신 것은 아니며, 역시 남자도 같은 의미로 여자의 머리가 되는 것은 아니다. 삼위일체 교리에 대한 우리의 개념에 따르면 성부(Father)의 머리 되심은 우월성이나 통치권과 같은 어떤 것으로 간주할 수 없다. 모든 남자에 대한 그리스도의 머리 되심은 우월함이나 통치권의 요소를 포함한다.

이 구절에서 남자와 여자의 관계를 고려할 때, 우리는 '머리'가 (그리스도가 남자에게 그런 것처럼) 우월함의 요소를 뜻할 수도 있고, (하나님이 그리스도에게 그런 것처럼) 관계의 평등을 의미할 수도 있다는 사실을 명심해야 한다. 그러나 만약 우리가 '케팔레'의 개념을 '근원' 또는 '기원'을 의미하는 것으로 본다면 이 구절은 확실히 이해가 된다. 하나님은 동정녀 마리아에게서 나신 그리스도의 '근원'이시다. 그리스도는 창조에 관여하셨다는 점에서 남자의 '근원'이시다. 창세기에서 하와가 "남자에게서 나왔으니 여자"라고 불렸다는 점에서 남자는 여자의 '근원'이다(창 2:23). 만약 우리가 '케팔레'를 '근원' 또는 '기원'을 의미하는 것으로 본다면, 이 본문에는 여성이 목회, 가르침, 예언자적 역할을 하지 못하도록 금하는 그 어떤 요소도 없다(그리고 바울은 예언하는 여성에 대해 언급하고 있다).

머리 됨의 비유를 적용하는 과정에서 종속의 개념이 잘못 유입되었을 수 있다. 여기서 '머리'는 오히려 존재의 기원이나 원천이라는 의미를 가질 수 있다. 실제로 바울은 남성이 여성의 주인(*kyrios*, 퀴리오스)이라고 말하는 것이 아니라, 남성이 여성 존재의 기원이라고 말하는 것이다. 이러한 해석은 또한 우리가 여기서 그릇된 '종속주의'에 빠지지 않도록 지켜 준다. 그것을 성부와 성자 사이에 적용하는 것은 삼위일체에 관한 정통 교리에 반하는 것이고, 남성과 여성 사이에 적용하는

것은 둘 다 하나님의 형상을 따라 지음받았기에 부적절하다.[40]

2. 바울은 '근원' 또는 '기원'을 가리키는 용어들로 케팔레의 의미를 설명한다

바울은 (8, 9, 12a절에서) 자신이 말하는 것에 대해 설명하면서 여자가 남자의 옆구리에서 만들어졌고 이 남자가 분명 그 여자의 '근원'이라고 밝히는 창세기 2장의 창조 이야기를 명백하게 언급한다. 창세기에 대한 이러한 언급들은 '케팔레'(머리)를 '근원과 기원'의 의미로 이해하는 데 무게를 더한다.

필립 페인은 성경과 그 외의 고대 문학을 살펴보면서, 이 구절에서 '케팔레'가 왜 '권위'가 아닌 '근원'일 때 가장 잘 이해되는지 설득력 있는 열다섯 가지 이유를 제시한다. 그 이유를 전부 여기에 열거하지는 않겠지만, 그의 분석은 종합적이고 거장다우며 설득력이 있다. 페인은 고대 자료와 바울의 글들을 심도 있게 파고든다. 그가 이 본문들을 고찰한 내용과 '케팔레'를 '근원'으로 봐야 한다는 그의 주장을 여러분도 읽어 보기를 권한다.[41]

3. 바울의 말은 위계나 '명령 계통'을 의미하는 것이 아니다

마이클 버드 또한 다음과 같이 말한다. "중요한 것은, 바울이 여기서 하나님 > 그리스도 > 남자 > 여자 순으로 이어지는 명령 계통을 변론하는 것이 아니라는 것이다. 다음의 쌍이 등장하는 순서에 주목해

---

40 Anglican Advisory Council, *The Ordination of Women to the Priesthood*, p. 26.
41 Payne, *Man and Woman, One in Christ*, pp. 117-139.

보라. 그리스도/남자, 그다음에 남편/아내, 마지막으로 하나님/그리스도가 나온다. 이는 성부를 정점으로 하고 여자를 맨 아래에 두는 위계질서라고 보기 어렵다."[42] 바울이 명령 계통을 설명하는 것이 아니라면, 그가 '근원과 기원'의 의미를 염두에 두었을 가능성이 다시 한번 높아진다.

4. 바울이 케팔레를 '…에 대한 권위'를 의미하는 데 사용했을 수 있으나, 공적인 모임에서 여성 사역을 제한하거나 자격을 검증하는 방법으로는 결코 사용하지 않는다

나의 주장은 이렇다. 바울이 '케팔레'를 사용한 의도가 모호하다는 점을 감안하면, 그 단어가 '다른 사람에 대한 권위'를 뜻하도록 그가 의도했다고 볼 수도 있다. 그러나 그가 '케팔레'를 '누군가의 근원이자 기원'을 뜻하도록 의도했다는 확실한 사례가 있다. 반면에 '머리됨'으로 인해 여성에게 특정한 형태의 공적 사역이 허용되지 않는 것은 그가 의도할 수 없었던 것이다(이 결정적인 부분을 놓치지 말아야 한다!). 5절은 그것을 의도하지 않는다. 또한 그는 여성이 남성의 '권위 아래'에서만 그런 사역을 할 수 있다고 말하지도 않는다.

    리처드 세르빈은 "케팔레(머리)의 중요성에 관하여: 한 헬라어 단어의 오용에 관한 연구"라는 훌륭한 논문에서 '케팔레'가 얼마나 남용되고 오용되었는지를 보여 준다. 또한 상호보완주의자와 평등주의자

---

42   Bird, *Bourgeois Babes, Bossy Wives, and Bobby Haircuts*, p. 25.

모두 '케팔레'에 대한 그들의 사용과 해석을 근거로 자신들의 사례를 어떻게 과장해 왔는지를 보여 준다. 세르빈은 70인역(주전 3-2세기의 히브리어 구약성경의 헬라어 번역본), 그리스 작가들(특히 플라톤, 플루타르코스, 필론), 신약성경 구절 속에서 '케팔레'의 사용을 검토한다. 그는 그러한 단어가 무엇을 의미하는지 연구할 때는 확고한 방법론이 필요하며, '케팔레'를 사용하여 하나의 사례를 구축할 때 매우 신중해야 한다고 결론짓는다.[43]

세르빈은 또한 '케팔레'가 이 구절에서 근원이나 기원이 **아니라**, 권위와 탁월함의 의미를 함축적으로 담고 있을 가능성이 높다고 결론짓는다. 내가 이 말을 하는 것은 우리 모두가 '케팔레'와 같은 단어를 사용하여 신학적 사례를 구축할 때 우리가 내세우는 주장에 대해 매우 신중해야 한다고 말하기 위해서다.

하지만 문제는 이것이다. 이 구절에서 '케팔레'(머리)가 '누군가에 대해 권위를 갖는 것'을 의미한다고 해석한다면, 바울이 남성의 머리 됨에 근거한 그러한 주장을 하는 목적이 여성이 사역에 관여하는 것을 제한하기 위해서가 **아니라는** 점을 놓쳐서는 안 된다. 오히려, 그는 믿는 자들이 함께 나누는 삶 속에서 질서와 겸손을 유지하는 한, 여성과 남성 모두 공적인 사역에 종사할 수 있다는 점을 분명히 한다. 이것은 남성, 여성, 아이의 공적인 모임인 공동 예배 속에서 여성과 남성이 행하는 사역을 말하는 것이지, '여성만'을 위해 제한된 몇

---

43 Cervin, "On the Significance of Kephalē ('Head')."

몇 모임을 말하는 것이 아니다.

5. '케팔레'를 '…에 대한 권위'라는 의미로 보는 것은 아리우스파 이단으로 이어질 수도 있다

바울이 성부가 성자의 머리(권위라는 의미에서)인 것처럼 남성이 여성의 머리(같은 의미에서)라는 뜻으로 말할 리 없다. 케빈 자일스가 능숙하게 증명했듯이, 그러한 주장은 "삼위일체를 위계적으로 묘사하는 것이며, 이것은 아리우스파 이단을 암시한다."[44]

6. 바울은 남녀의 구별을 인정하고 여성과 그들의 은사를 공적 예배에 통합하는 것을 긍정한다

이 구절에서 바울은 그들을 지켜보는 세상 앞에서 고린도인들의 증인 됨에 매우 관심이 있다. 그리고 내가 생각하기에, 그들이 여성과 남성 사이의 다름, 즉 태초부터 하나님이 목적하신 성별의 다름을 존중하려고 하기 때문에, 그들이 적절한 문화적 성별의 구별과 옷차림을 유지하기를 바울이 원한다는 것 또한 명백하다. 바울은 일관되게, 여성과 남성은 다르면서도 동시에 평등하다고 주장한다. 교회를 든든하게 하고 덕을 세우기 위해 그들에게 하나님이 주신 은사와 마찬가지로 하나님이 주신 성별의 구별도 중요하다.

마이클 버드는 로이 치암파(Roy Ciampa)와 브라이언 로스너

---

44 Giles, *What the Bible Actually Teaches on Women*, p. 114.

(Brian Rosner)의 말을 활용하여, 다음과 같은 견해를 제시한다. "바울은 여기서 다음 세 가지를 긍정한다. (1) 남녀 간 성별 구분을 유지하고 기꺼이 받아들이라는 창조 명령에 대한 존중, (2) 도덕적·성적 순결을 보호하는 문화적인 특정 방식에 대한 존중, (3) 여성과 그들의 은사를 예배 공동체의 경험 안에 온전히 통합하려는 헌신."[45]

복음주의적 평등주의자는 이 핵심 사항에 대해 입장이 분명하다. "**우리는 이 구절이 남성과 여성의 구별을 인정한다는 것에 동의한다. 우리는 이 구절이 여성의 영구적 종속을 가르친다는 것에는 동의하지 않는다.**"[46] 우리는 또한 이 구절이 여성이 종사할 수 있는 공적 사역을 제한하거나 자격을 한정한다는 데 동의하지 않는다. 오히려 그 반대, 즉 고린도전서 11:2-16은 그리스도의 교회 회중 모임에서 여성의 공적 사역을 인정하고 더 나아가 합법화한다고 주장한다.

고린도전서 14:26-40

그러면 형제자매 여러분, 어떻게 해야 하겠습니까? 여러분이 함께 모이는 자리에는, 찬송하는 사람도 있고, 가르치는 사람도 있고, 하나님의 계시를 말하는 사람도 있고, 방언으로 말하는 사람도 있고, 통역하는 사람도 있습니다. 모든 일을 남에게 덕이 되게 하십시오.

(고전 14:26)

---

45 Bird, *Bourgeois Babes, Bossy Wives, and Bobby Haircuts*, p. 27.
46 Giles, *What the Bible Actually Teaches on Women*, p. 112.

여자들은 교회에서는 잠자코 있어야 합니다. 여자에게는 말하는 것이 허락되어 있지 않습니다. 율법에서도 말한 대로 여자들은 복종해야 합니다. 배우고 싶은 것이 있으면, 집에서 자기 남편에게 물으십시오. 여자가 교회에서 말하는 것은, 자기에게 부끄러운 일입니다. (14:34-35)

그러므로 나의 형제자매 여러분, 예언하기를 열심히 구하십시오. 그리고 방언으로 말하는 것을 막지 마십시오. 모든 일을 적절하게 하고 질서 있게 해야 합니다. (14:39-40)

또 다른 도전적인 본문이다. 한편으로, 바울은 여성과 남성 모두에게 믿는 자들의 공적인 집회(ἐκκλησία, 에클레시아)에서 예언, 찬송, 교훈의 말씀(가르침), 계시, 방언, 통역과 같은 일을 행하라고 권면한다. 이 모든 일이 알맞고 질서정연하게 이루어져야 온전한 교회가 세워질 것이다(NIV에 26절 후반부가 "so that the church may be built up"이라고 되어 있는 것에 따른 표현이다. 한국어 성경은 "덕이 되게"라고 번역하였다 — 옮긴이). 다른 한편으로, 바울은 여성이 침묵하고 순종해야 하며, 질문은 집에 돌아가서 남편에게 해야 한다고 말한다. 도대체 무슨 일이 일어난 것인가?

해석상 가장 그럴듯한 설명은 "바울이 작은 가정 교회 내에서 분열을 야기하는 여성의 질문을 금한다"는 것이다.[47] 이 설명은 여성과 남성 모두 예언과 가르침, 그 밖의 기여를 하라는 바울의 권면을 존중한다. 이것은 또한 왜 바울이 여성에게 침묵(즉, 끼어들지 말라는 것), 복종(즉, 다른 사람들에게 자기 주장을 강요하지 말라는 것인데, 이는 고린도의 일부 여성이 습관적으로 행해 왔던 것으로 보인다), 넘치는 궁금증을 집으로 가져갈 것(즉, 모든 일을 질서정연하고 적절한 방식으로 해야 한다는 것)을 요구하는지를 설명한다. 이것은 또한 27-33절과 36-40절 및 영적 은사를 사용하되 공적 예배의 정연한 질서에 중점을 두라고 강조한 이유를 설명한다.

진지하게 생각해 봐야 할 또 다른 가능성이 있다. 그것은 우리가 이 말씀에 얼마나 큰 비중을 두는지와 그 말씀을 근거로 신학과 실천을 구축해 갈 수 있는지 없는지에 상당한 영향을 미친다. 바로 고린도전서 14:34-35이 삽입 문구라는 가능성이다.

필립 페인은 고린도전서 14:34-35이 그 단락의 나머지 구절과 어긋나는 이유가 그것이 원래부터 있던 것이 아니라 나중에 추가된 것이고, 바울이 쓴 것이 아니기 때문이라는 것을 보여 주는 중요한 증거를 제시한다(고든 피도 같은 주장을 한다). 초기 사본들은 고린도전서 14:34-35이 원래 없었다는 주장을 뒷받침해 준다. 초기 사본들에서 고린도전서 14:34-35은 고린도전서 14장의 다른 위치에 덧붙여져 있다. 게다가 바티칸 사본(Codex Vaticanus)에는 이 구절이 삽입 문구임을 시사하는 표식이 있다. 페인은 다음과 같이 언급한다. "알렉산드리아의 클레멘스(Clement of Alexander)는 고린도전서 14:34-35이

---

47 Giles, *What the Bible Actually Teaches on Women*, p. 118.

없는 고린도전서의 본문을 묵상한다." "속사도들(Apostolic Fathers)이 고린도전서 14:34-35을 인식하고 있다는 단서는 전혀 없다." "고린도전서 14:34-35에서 본문 변형의 발생률이 높다."[48] 그런 다음, 이 구절이 삽입 문구라는 내적 증거가 제시된다. 여기에는 이 구절이 그 장의 나머지 부분과 어떻게 모순되는지, 이 구절이 그 장 안에서 바울의 주장의 흐름을 어떻게 방해하는지 등이 포함된다. 이 책에서 그 증거를 깊이 다루지는 않겠지만, 페인은 고린도전서 14:34-35이 바울이 쓰지 않은, 나중에 첨가된 문구(삽입 문구)라는 설득력 있는 주장을 한다. 그는 다음과 같이 말한다.

"고린도전서 14:34-35이 삽입 문구라는 주장은 다른 어떤 주장보다도 외적 증거와 내적 증거에 훨씬 잘 부합한다. 만약 고린도전서 14:34-35이 바울이 쓴 것이 아닌 삽입 문구라면, 그것은 사도적 권위를 지니지 않으며, 여성의 설교 사역을 제한하는 데 사용되어서도 안 되고, 다른 신약성경 구절의 해석에 영향을 주어서도 안 된다."[49] 만약 한 본문이 의심스러울 경우, 즉 그것이 최초의 사본에 없다는 증거가 있다면, 그것은 우리의 신학과 실천, 또는 우리가 다른 성경 본문을 읽고 적용하는 방법을 결정하는 데 사용될 수 없다는 것이 해석 및 신학에 있어서의 경험 법칙이다.

만약 여러분이 삽입 문구 이론을 거부한다면(일부 학자들도 그렇듯이), 가장 그럴듯한 해석적 설명은 바울이 여성에게 작고 친밀한 가

---

48 Payne, *Man and Woman, One in Christ*, pp. 217-267.
49 Payne, *Man and Woman, One in Christ*, p. 267.

정 교회 모임에서 분열을 조장하는 질문을 금지하고 있으며, 바울은 공적 모임과 가정에서 아내와 남편의 관계 개선을 위해 애쓴다는 것이다. 바울이 여성에게 공적인 집회에서 가르치거나 연설하는 것을 금지하고 있다고 볼 수는 없는데, 그 이유는 고린도전서 14:34-35을 어떻게 보든 어느 한 측면은 바울이 여성에게 목소리를 높이고 받은 은사를 사용하도록 권장하는 내용을 포함하기 때문이다. 고린도전서 14장에서 바울의 가르침은 여성이 공적인 모임에서 가르치고 이끄는 것을 금지하지 않는다. 그보다, 그의 가르침은 정연한 질서와 품위를 확보하려는 것이다. 부부 간의 긴장을 피하고, 그리스도인 지도자에 대한 경건한 순종을 유지하며, 그리스도인으로서의 증인 됨과 신뢰성을 강화한다. 게다가, 이러한 가르침은 "교회가 여성을 예배에 포함시킴으로 인해 여성 과다로 악명 높았던 비밀스럽고 난잡한 신비주의 이단 중 하나로 오인되는 것"을 방지해 준다.[50]

에베소서 5:21-23; 골로새서 3:11-25

여러분은 그리스도를 두려워하는 마음으로 서로 순종하십시오. 아내 된 이 여러분, 남편에게 하기를 주님께 하듯 하십시오. 그리스도께서 교회의 머리가 되심과 같이, 남편은 아내의 머리가 됩니다. 바로 그리스도께서는 몸의 구주이십니다. 교회가 그리스도께 순종하듯이, 아

---

50 Bird, *Bourgeois Babes, Bossy Wives, and Bobby Haircuts*, p. 30.

내도 모든 일에 남편에게 순종해야 합니다. 남편 된 이 여러분, 아내를 사랑하기를 그리스도께서 교회를 사랑하셔서 교회를 위하여 자신을 내주심같이 하십시오. (엡 5:21-25)

그리스도의 평화가 여러분의 마음을 지배하게 하십시오. 이 평화를 누리도록 여러분은 부르심을 받아 한 몸이 되었습니다. 또 여러분은 감사하는 사람이 되십시오. 그리스도의 말씀이 여러분 가운데 풍성히 살아 있게 하십시오. 온갖 지혜로 서로 가르치고 권고하십시오. 감사한 마음으로 시와 찬미와 신령한 노래로 여러분의 하나님께 마음을 다하여 찬양하십시오. 그리고 말이든 행동이든 무엇을 하든지, 모든 것을 주 예수의 이름으로 하고, 그분에게서 힘을 얻어서, 하나님 아버지께 감사를 드리십시오. 아내 된 이 여러분, 남편에게 순종하십시오. 이것이 주님 안에서 합당한 일입니다. 남편 된 이 여러분, 아내를 사랑하십시오. 아내를 모질게 대하지 마십시오. (골 3:15-19)

무엇보다도, 이 두 장은 기독교 가정에 대한 가르침과 남편과 아내의 관계에 대한 지침을 포함한다. 이 본문이 남편과 아내의 관계에 대해 말하는 바를 살펴보기 전에, 바울이 이러한 논의를 어떻게 구성하고 있는지에 세심한 주의를 기울여야 한다. 그는 이 논의를 어떤 맥락 가운데 두는가?

남편과 아내의 관계에 대한 바울의 가르침을 구성하는 관계적·문화적·신학적 맥락이 몇 가지 있다. 바울이 남편과 아내에 대해 말하는 바를 살펴보기 전에 이 맥락을 보는 것이 중요하다. 바울이 남편과 아내에 대해, 그리고 그들이 서로 어떻게 관계를 맺어야 하는지에 대해 말하는 모든 것은 다음과 같은 열두 가지 기독교적 고민과 신념에 의해 형성된다. (1) 하나님을 본받는 사람이 되고, 그리스도가 우리를 사랑하시고 자기 몸을 내어 주신 것같이 사랑의 길을 걸으라(엡 5:1-2). (2) 음행, 탐욕, 이단, 더러운 행위를 멀리하라(엡 5:3-7). (3) 선과 의와 진실 안에서 빛의 자녀로 살라(엡 5:8-14). (4) 복음의 증인답게 살고, 성령으로 충만하며, 서로의 덕을 세우고, 모든 일에 하나님께 감사하라(엡 5:15-20). (5) "그리스도를 두려워하는 마음으로 서로 순종"함으로써 상호 간의 순종을 실천하라(엡 5:21). (6) 그리스도를 본받아, 경건하며, 온정이 많고, 사랑이 깃든, 그리스도를 닮은 가정을 세우라(엡 5:21-33). (7) 위에 있는 것을 추구하고, 경건하고 의로운 삶을 살며, 그리스도 안에서 하나님에 의해 새로워진 새 사람을 입으라(골 3:1-10). (8) "그리스인과 유대인도, 할례받은 자와 할례받지 않은 자도, 야만인도 스구디아인도, 종도 자유인도 없"으며 "오직 그리스도만이 모든 것이며, 모든 것 안에" 계시다. 모두 그리스도 예수 안에서 하나다. 이는 갈라디아서 3:28 말씀의 되울림이다(골 3:11). (9) 거룩함, 동정심, 친절함, 겸손함, 온유함, 오래 참음, 용납, 용서, 연합, 그리고 무엇보다 사랑의 백성이 되라(골 3:12-14). (10) 서로 평화로운 관계를 추구하고, 믿음과 사랑 안에서 서로를 세우며, 감사하라(골 3:15-17). (11) 그리스도와 그분의 복음을 존중하는 가정을 세우라(골 3:18-22). (12) 모든 일을 예수 그리스도를 경외함으로 하되, 그분을 섬기고 그분께 영광을 돌리려는 열정을 가지고, 영원한 유산을 위하여 행하라(골 3:23-25).

젊은 목회자 시절에 나는 창의적인 설교 개요를 만들어 내야 한다고 생각하곤 했다. 얼마나 잘못된 생각이었는지! 가장 유용하고 뛰어난 개요와 자료는 항상 본문 그 자체에 있다. 이 두 장의 탁월함과 바울이 자신의 사례를 전개하는 방식을 보라!

에베소서 5장으로 시작해 보자. 바울은 남편과 아내에 대해 논의하기 전에 그리스도의 사랑과 자기희생의 본을 따를 것(5:1-2), 바르고 거룩한 삶을 살 것(5:3-14), 복음의 증인답게 살 것, 성령으로 충만할 것, 서로의 덕을 세울 것, 감사할 것(5:15-20)에 대해 말한다. 그런 다음 그는 "여러분은 그리스도를 두려워하는 마음으로 서로 순종하십시오"(5:21)라고 **상호 순종**(mutual submission)을 요청함으로써 순종에 대한 논의의 틀을 만든다. 남편과 아내, 종과 자유인, 부모와 자녀에 대한 바울의 지침은 그 시대의 문화적 관습을 따르는 경향이 있지만, 그는 상호성과 사랑에 분명한 초점을 맞추어 이러한 관습에 기독교적 가치와 미덕을 주입하고 재해석한다.

남편은 아내를 "그리스도께서 교회를 사랑[하신 것]같이" 사랑하고, 아내는 남편에게 순종하라는 바울의 가르침은 분명 **상호성**의 맥락 안에 놓여 있다. 즉 상호 순종, 상호 사랑, 상호 동정, 상호 감사, 상호 복음의 증인 됨, 상호 덕을 세움, 그리고 모든 일에 하나님을 인정할 것을 상호 요청함이라는 맥락이다. 하나님의 백성 가운데서는 상호 순종하는 것이 규범이고 규칙이다. 권력과 통제에 기반한 위계 질서는 복음에 반하는 것이며 병든 사회적·신학적 상상력에서 나온다. 교회는 여전히 리더십이 필요하고, 우리는 교회와 가정에서 경건한 리더십을 행하는 사람들을 존중해야 한다. 그러나 그 리더십은 사랑을 통해, 그리고 상호성 및 상호 순종에 대한 헌신을 통해 표현되어야 한다. 교회에서의 상호성, 남녀 간의 상호성, 특별히 결혼에서의 상호성에 대한 바울의 요구는 1세기 그리스-로마 시대의 맥락에서 혁명적이며 매우 반문화적이었다. 그리고 그들에게만 아니라, 오늘날 우리의 교회와 결혼 생활에서도 상호성과 상호 순종은 매우 필요하다.

에베소서 5:21-33과 골로새서 3:11-25에서 바울은 여성, 자녀, 종이 남편, 부모, 주인에게 순종할 것을 분명히 요구한다. 반대로, 남편, 부모, 주인은 여성, 자녀, 종을 사랑하고 존중하고 돌보아야 한다. 이 구절의 그리스도 중심성(Christocentricity)은 인상적이다. 그리스도는 우리에게 사랑과 자기희생의 본이시며, 우리가 하는 모든 일은 그리스도와 그분의 복음을 존중하고 하나님을 영화롭게 하는 것이어야 한다.

그러나 순종에 대한 이러한 가르침은 생각처럼 간단하게 해석할 수 있는 것은 아니다. 첫째, 1세기에 자녀와 부모는 우리 시대와 비교하면 매우 다른 종류의 관계를 맺었다. 이러한 1세기 부모-자녀 관계의 특징은 가부장제와 더불어, 아들과 딸에게 특히 성별에 기초한 규제와 의무가 주어졌다는 것이다. 현대 문화와는 대조적으로, 1세기에 부모는 자녀를 위한 모든 결정(결혼과 직장을 포함한)을 내렸고 성인 자녀에 대해서도 특별한 권한을 가졌다. 이러한 부모-자녀 관계(그리고 이러한 부녀 관계를 생각해 보라)는 우리 문화와 직접적 유사성이 없다. 그러므로 우리는 바울의 말을 적용할 때 매우 신중하지 않으면 안 된다.

둘째, 바울은 종들에게 "모든 일에 육신의 주인에게 복종하십시오"라고 말한다(골 3:22). 이와 같은 구절은 노예제와 인종 격리 정책을 정당화하는 데 심각하게 남용되어 왔으며, 그래서 오늘날에는 종들이 자신의 운명을 받아들이고 주인에게 복종하라는 시대를 초월한 가르침으로 해석하거나 사람들이 노예제를 정당화하기 위해 성경에 호소하지 않도록, 바울의 말을 당시의 문화적 맥락에 비추어 해석해야 한다는 데 모두가 동의한다.

셋째, 바울이 아내들에게 남편에게 순종하라고 말한다는 것은 분명해 보인다. 그는 그리스도의 머리 되심과 교회의 관계에서 직접적 유사성을 끌어낸다(엡 5:22-24). 평등주의자는 듣기 거북할 수 있지만, 바울은 이 문제에 대한 그의 가르침을 철회하지 않는다. 남편과 아내의 관계에 대한 바울의 신학적 정당화는 종-주인 및 자녀-부모에 대한 그의 언급보다 훨씬 더 광범위하다. 그러나 그가 어떻게 아내들에게 하는 에베소서 5:22의 말을 다음의 두 내용 사이에 끼워 넣는지를 보면 흥미롭다. (1) 21절의 **상호 순종**에 대한 요청과 (2) (그리스도의 모범을 따라) 남자가 사랑하고 양육하며 자기희생을 해야 한다는 장문의 가르침이 그것이다. 남자는 자기 자신을 사랑하는 것처럼 그들의 아내를 사랑해야 하며, 그리스도가 교회를 사랑하신 것처럼 아내를 위해 자신을 포기해야 한다(1-2, 23-33절). 다시 말하면, 바울은 여자들에게 남편에게 순종하라고 말하지만, 그는 상호 순종의 맥락에서 이 가르침의 틀을 만들었으며, 남자들에게 (예수 그리스도 안에서 표현된 최고의 자기희생적 사랑의 본을 따라) 애정 어리고, 사려 깊고, 전적인 자기희생을 실천할 것을 말한다. 바울은 남성이 머리가 되는 문화(culture of male headship)를 전제하며, 이것이 결혼의 규범이 될 것을 가정한다(우리와 달리, 바울 시대에 대부분의 결혼은 평등주의적 문화가 아닌 가부장적 문화에서 이루어졌다). 하지만 바울은 놀라운 일을 행한다. 즉, 그는 이 관계를 상호성과 사랑 그리고 남편의 자기희생이라는 관점으로 묘사한다. 남자는 그리스도가 교회를 사랑한 것처럼 아내를 전적으로 사랑하고, 아내의 안녕과 성장에 자신을 완전히 바칠 것을 요청받는다.

바울은 아내, 자녀, 종(그리고 그들의 남편, 부모, 주인)이 가부장적, 귀족적, 계급적, 후견-피후견, 명예-수치, 군주제적 구조들 안에 살고 있는 문화 속에서 글을 쓴다. 그래서 우리가 아내-남편, 자녀-부모, 종-주인에 관한 이 말을 어떻게 해석해야 할지가 일부 사람들의 주장처럼 그리 간단하지는 않다.

바울은 이 구절들에서 상호성과 평등의 방향으로 나아가는데, 이것이 놀랍지 않은 이유는, 그것이 바로 성경의 궤적(trajectory of Scripture)이기 때문이다. 오늘날, (바울의 말과 관련된 모든 문화적 배경과 가능성을 고려할 때) 상호보완주의적 그리스도인조차도 이 구절에서 자녀와 종에 대한 바울의 말을 액면 그대로 받아들이는 것은 부인할 것이다. 모든 형태의 노예제도는 받아들일 수 없고 혐오스러운 것이다. 자녀와 부모 사이의 관계는 문화에 따라 서로 다른 형태를 띤다("자녀 된 이 여러분, 모든 일에 부모에게 복종하십시오", 만약 이 구절을 1세기 가부장적 문화의 렌즈로 해석한다면, 오늘날 많은 청소년이 기독교로 개종하는 데 장애물이 될 것이다). 그러면 또한 우리는 남편과 아내에 대한 바울의 가르침을 당시의 문화적 맥락에서 읽어야 한다. 바울은 아내가 남편에게 순종하는 것을 1세기 문화의 규범으로 여겼지만, 상호 순종(과 남편의 자기희생적 사랑)을 요구함으로써 이러한 방식에 혁명을 일으켰다. 바울은 남편에게 순종하는 아내와 그리스도에게 순종하는 교회 사이의 유사점을 그린다. 그는 더 나아가 그리스도가 어떻게 교회를 위해 자신의 지위, 명예, 입장 등 모든 것을 포기하고 자기를 비워 아무것도 아닌 존재가 되기를 선택하셨는지 묘사한다(참조. 빌 2장). 그리스도는 지위와 역할에 대한 우리의 예상을 뒤집으신다! 남편은 아내의 안녕과 '아름다움'(광채)을 위하여 아내에게 사랑스럽고 자기희생적인 섬기는 자가 된다(엡 5:25-33).

바울이 가부장적 문화라는 현실 맥락 안에서 상호성과 평등의 방향으로 나아가고 있다면, 오늘날 서양의 대체로 평등주의적인 문화적 맥락 안에서 그리스도인의 결혼이 상호성과 평등의 가능성을 **그보다 더** 탐구하지 않을 이유가 있을까?

바울이 묘사하는 결혼의 유형은 상호 순종, 상호 사랑, 상호 희생의 형태다. 그것은 사려 깊은 상호보완주의적 결혼에서 가능하지만, 실제로 그 결혼은 매우 평등주의적으로 보인다. 하워드 마셜

(I. Howard Marshall)은 다음과 같이 결론짓는다. "우리가 살펴본 구절을 올바르게 이해했다면, 가부장제가 유일하게 가능한 체계라는 신학적 근거는 없으며, 복음은 우리를 가부장제에서 벗어나 구원받은 백성을 향한 하나님의 목적인 상호 사랑과 상호 존중을 더 적절하게 반영하는 다른 종류의 관계로 이끈다는 것이 나의 주장이다."[51]

에베소서 5장에서, 바울은 결혼 생활에서의 상호 순종이 어떤 모습인지 보여 준다. 이것은 사랑, 연합, 존중, 자기희생을 특징으로 하는(엡 5장), 평화롭고 감사가 넘치며, 보살핌이 있고, 그리스도를 영화롭게 하는 가정이다(골 3장). 상호 순종하는 결혼에서, 아내는 남편에게 자신의 성품이나 의견을 강요하지 않고, 오히려 상대를 존중한다. 반대로, 남편은 권력과 통제를 포기하고, 아내를 위하여 자기 자신과 자신의 욕망을 희생하기로 선택하며, 그리스도가 교회를 사랑하셨듯이 아내를 온전하고 완전하게 사랑한다. 남편과 아내 모두 서로의 안녕과 영적 성장을 위해, 그리고 예수 그리스도의 복음을 위해 서로에게 (그리고 서로의 안에 계신 그리스도께) 순종한다.

디도서 1:5-9; 2:3-5; 디모데전서 3:1-13

장로는 흠잡을 데가 없어야 하며, 한 아내의 남편이라야 하며, 그 자녀가 신자라야 하며, 방탕하다거나 순종하지 않는다는 비난을 받지

---

51 Pierce, Groothuis, and Fee, *Discovering Biblical Equality*, p. 204.

않아야 합니다. (딛 1:6)

이와 같이 나이 많은 여자들도, 행실이 거룩하고, 헐뜯지 아니하고, 과도한 술의 노예가 아니고, 좋은 것을 가르치는 사람이 되게 하십시오. 그리하여 그들이 젊은 여자들을 훈련시켜서, 남편과 자녀를 사랑하고, 신중하고, 순결하고, 집안 살림을 잘하고, 어질고, 남편에게 순종하는 사람이 되게 해야 할 것입니다. 그래야 하나님의 말씀이 비방을 받지 않을 것입니다. (딛 2:3-5)

이 말은 옳습니다. 어떤 사람이 감독의 직분을 맡고 싶어 하면, 그는 훌륭한 일을 바란다고 하겠습니다. 그러므로 감독은, 책망할 것이 없으며, 한 아내의 남편이며…자기 가정을 잘 다스리며, 언제나 위엄을 가지고 자녀들을 순종하게 하는 사람이라야 합니다. (자기 가정을 다스릴 줄 모르는 사람이 어떻게 하나님의 교회를 돌볼 수 있겠습니까?)…이와 같이 여자들도, 신중하며, 험담하지 아니하며, 절제하며, 모든 일에 성실한 사람이라야 합니다. 집사들은 한 아내의 남편이며, 자녀와 자기 가정을 잘 다스리는 사람이라야 합니다. (딤전 3:1-5, 11-12)

에베소서 5:21-33과 골로새서 3:11-25에 대해 살펴본 많은 것들이 디도서 2:3-5과 디모데전서 3:1-13에도 해당된다. 바울은 가부장적 문화 안에서 글을 쓰고 있으며, 따라서 그의 말들은 주의해서 해석되어야 한다. 다시 말하지만, 오늘날 어느 누구도 교회가 현대판 노예제에 매인 사람에게 주인에게 복종하고 자신의 운명을 받아들이라고 가르쳐야 한다는 생각에는 동의하지 않을 것이다. 오늘날 대다수 그리스도인은 "모든 일에 주인에게 복종하고, 그들을 기쁘게 하고, 말대꾸를 하지 말[라]"(딛 2:9)고 한 바울의 가르침을 현대의 문화적 맥락에 비추어, 그리고 노예제는 성경에 반하고 하나님과 그분의 복음에 대한 모욕이자 인간의 자유와 존엄을 침해하는 것이라는 현대의 공유된 신념을 렌즈로 삼아 읽는다.

1세기 그리스-로마 문화의 맥락에서 예상할 수 있듯이, 바울은 아내가 "남편에게 순종"하고 남편이 "자녀와 자기 가정을 잘 다스리"기를 기대한다. 우리가 에베소서 5장에서 보았듯이, 이러한 관계는 **상호 순종**과 경건, 사랑, 희생, 건덕(建德, 덕을 세움) 및 하나님 영광에 대한 **공동의 헌신**을 중심으로 형성되어야 한다. 사실상, **남편과 아내는 그리스도께 하듯 서로에게 순종한다**. 여기서 바울은 모든 것이 복음을 위하여 행해져야 함을 강조한다(딛 2:11-14). 바울 서신과 성경 전반에 걸친 궤적은 우리가 이미 보았듯이 상호성과 평등이다.

이 본문에서 추가로 제기되는 질문은 여성이 감독과 집사로 섬길 수 있는가 하는 것이다. 이 구절들은 여성이 감독이나 집사로서 일하는 것을 막지 **않는다**. 이것은 단호하게 말할 수 있다. 왜 이 구절들이 여성과 남성 모두 집사와 감독으로 섬기는 것을 허용하는지 그 이유를 몇 가지로 요약하여 잠시 살펴보겠다.

번역을 바로잡는 것의 중요성부터 시작해 보자. 많은 영어 번역본이 디모데전서 3:1-13과 디도서 1:5-9에 남성 대명사를 잘못 추가

한다. 이것은 오직 남성만이 감독과 집사로 일할 수 있다는 잘못된 인상을 준다. 하지만 사실, 본래의 헬라어 사본에는 이 구절들에 남성 대명사가 없다. 단 한 번도 남성 대명사가 제시되지 않으므로, 이 구절들의 많은 영어 번역본이 상당한 오해를 불러일으킬 수 있다.

게다가, 이 구절들에는 여성이 그러한 역할로 섬기는 것을 금지하는 어떤 내용도 언급되지 않는다(즉, 어떤 자격 요건도 제시되지 않는다). 남성은 일부일처여야 한다는 조건을 제외하면, 모든 자격 요건은 남성과 여성에게 동일하게 적용할 수 있다.

디모데전서 3:2, 12과 디도서 1:6에서 "한 아내의 남편"이 되라는 언급은 일부다처제와 간통 문제를 다루는 것 같다. (여성은 여러 명의 남편을 두지 않았으며, 정부와 창녀를 찾는 사람은 남성들이었다.) "한 아내의 남편"이라는 어구는 이러한 역할에서 기혼 여성을 배제하지 않으며, 독신인 여성과 남성도 배제하지 않는다.

만약 가정을 다스리는 것이 이러한 역할을 맡기 위한 요건이라면, 바울과 예수님은 자격이 되지 않는다. 또한 교회 역사의 위대한 리더들 중 많은 사람도 마찬가지다.

바울은 뵈뵈를 겐그레아 교회의 집사(deacon; 새번역은 "일꾼")라고 불렀으므로, 여성이 집사로 섬길 수 있고 또 섬겨야 한다고 명백히 믿었다. 사실 바울이 로마서 16:1-2에서 뵈뵈에게 사용하는 헬라어 (*prostatis*, 프로스타티스; 새번역은 "보호자")는 '지도자' 또는 '통치자'를 의미하며, 대략 '감독'(overseer)의 상당 어구로 볼 수 있다. (참고로, 브리스가와 유니아가 감독이라는 호칭으로 불린 적이 없다 하더라도, 그들이 적어도 감독 수준으로 섬기지 않았다고 보기는 어렵다. 따라서 바울이 여성에 대해 교회에서 이러한 수준의 리더십으로 섬길 수 있고 또 섬겨야 한다고 믿었다는 것은 분명해 보인다.)

내가 주장하는 것처럼, 만약 디모데전서 3장의 자격 요건이 남성 및 여성 감독과 집사에게 적용될 수 있다면, 더 나아가 이것은 11절과 12절을 설명해 준다. 바울은 남성 집사/감독은 그들의 아내에게 충실해야 하고, 여성 집사/감독은 모든 면에서 존경받을 만해야 한다고 요구한다.

바울은 누구나 감독이 되기를 바랄 수 있다고 말하며 성별에 대한 자격 요건을 두지 않는다(딤전 3:1). 감독의 직분을 맡고 싶어 하는 "어떤 사람"(1절)이란 감독의 직분을 맡고 싶어 하는 '**누구나**'라는 의미일 뿐이다.

이 본문 외에도, 필립 페인은 "에베소 교회가 위치했던 동방에서 주후 6세기까지 여성 집사에 대한 61개의 비문과 40개의 문헌 자료"가 존재한다고 지적한다.[52]

이 구절들에는 여성이 (집사, 설교자, 교사, 감독을 포함해서) 교회의 고위 지도자로 섬기는 것을 막는 어떠한 요소도 없다. 사실, 나는 그 반대가 진실이라고 주장한다. 이 구절들은 남녀를 불문하고 모든 사람에게 감독의 직분으로 섬기기를 소망하도록 격려하고, 이 고귀한 역할을 수행할 수 있는 자격 요건을 제시한다.

---

52   Payne, *Man and Woman, One in Christ*, p. 458.

디모데전서 2:8-15

그러므로 나는, 남자들이 화를 내거나 말다툼을 하는 일이 없이, 모든 곳에서 거룩한 손을 들어 기도하기를 바랍니다. 이와 같이 여자들도 소박하고 정숙하게 단정한 옷차림으로 몸을 꾸미기 바랍니다. 머리를 어지럽게 꾸미거나 금붙이나 진주나 값비싼 옷으로 치장하지 말고, 하나님을 공경하는 여자에게 어울리게, 착한 행실로 치장하기를 바랍니다. 여자는 조용히, 언제나 순종하는 가운데 배워야 합니다. 여자가 가르치거나 남자를 지배하는 것을 나는 허락하지 않습니다. 여자는 조용해야 합니다. 사실, 아담이 먼저 지으심을 받고, 그다음에 하와가 지으심을 받았습니다. 아담이 속임을 당한 것이 아니라, 여자가 속임을 당하고 죄에 빠진 것입니다. 그러나 여자가 믿음과 사랑과 거룩함을 지니고, 정숙하게 살면, 아이를 낳는 일로 구원을 얻을 것입니다. (딤전 2:8-15)

이 구절은 교회에서 여성이 수행할 수 있는 사역을 제한할 때 가장 흔히 사용되는 구절이다. 내 생각에 이 구절은 (여성이 할 수 있는 사역을 제한하려는) 상호보완주의자와 (여성이 교회에서 온전히 이끌고 가르칠 수 있도록 자유롭게 하려는) 평등주의자 모두에게 위험하다. 스캇 맥나이트의 말에 따르면, 이 구절들은 '파란 앵무새'다. '파란 앵무새'란 우리의 사고방식에 허를 찌르고 혼란을 일으키며 정면으로 맞서는 성경의 절이나 구를 말한다. 우리는 그것들의 존재를 부정하고 싶은 유혹을 받는다. 아니면 그것들을 무시하거나, 과장한다. 또는 그것들을 우리의 사고방식에 맞게 굴복시키고 길들이려고 노력한다. 그러나 하나님은 그것들을 통해 우리에게 말씀하시며, 그러므로 우리는 열린 마음과 생각으로 듣고 응답해야 한다.

나는 스캇 맥나이트가 회상하면서 말한 이 이야기를 좋아한다.

고백할 게 있다. 내가 성경 읽기를 배우고 난 어느 때부터인가…두 눈이 휘둥그레지던 성경의 경이로움이 줄어들고, 입이 떡 벌어지던 놀라움이 드물어졌다. 성경을 통달하고 그것을 모두 내 안에 통합하려던 열망이 성경의 가공되지 않은 신랄하고 낯선 묘약을 고갈시켰다. 나는 내 파란 앵무새를 우리 안에 가두어 길들이고 있었다.…나는 이제 파란 앵무새를 길들이려 하지 않는다. 성경은 말 그대로 성경이고, 나는 그 성경을 믿는다. "성경이 성경 되게 하라"가 내 삶의 표어다. 성경을 가르치면서 나는 성경에 길을 내어 줄 때 성경이 스스로 역사한다는 사실을 깨닫게 되었다. 누군가 성경은 우리의 변호가 필요 없다고 말했는데, 나도 동의한다.[53]

그렇다면, 디모데전서 2장의 '파란 앵무새'를 우리가 어떻게 다루어야 할지 잠시 이야기해 보자.

상호보완주의자는 디모데전서 2:9-15을 지나치게 강조한다. 때

---

53 McKnight, *The Blue Parakeet*, p. 36.

때로 그들은 그 구절이 복잡하고 특이한 구절이라는 것을 인정하지 않으면서 그렇게 한다. 그들은 그 구절에서 문자 그대로 받아들일 부분을 임의로 선별한다(예를 들면, 15절의 "아이를 낳는 일로 구원을 얻을 것입니다"를 그런 식으로 설명한다). 그렇게 전체 구절을 해석하고 적용하는 것의 어려움을 너무 성급하게 설명해 버릴 수 있다. 그러고는 이 짧은 몇 절 위에 신학과 교회와 사역에 관한 전체적인 세계관과 접근법을 구축한다(또는 그 선생들이 제시한 상호보완주의적 틀을 받아들인다). 그들은 성경의 다른 주제와 본문을 끌어들이는데(종종 이치에도 맞지 않고 그 자체의 의미나 성경 내 맥락에도 상관없이), 이는 이미 결정해 놓은 신학적 체계를 뒷받침하기 위한 것이다(아니면 겨우 몇 절 위에 신학과 사역의 구조를 구축한 것이 아닌 것처럼 보이기 위해서다). 그 최종 결과는 교회 구성원의 절반 이상이 교회 생활을 이루는 많은 사역의 역할에서 배제되는 것이다. 그러므로 솔직해지자. 그것은 정말이지, 특이하고 난해하고 어려운 몇몇 절에 근거한 것이다.

반면에, **평등주의자**는 이 절들을 너무 성급하게 무시할 수 있다. 이 절들을 설명해 보려는 그들의 시도는 너무 자주 피상적이고 설득력이 없다. 그들은 성경이 말하는 바와는 무관하게 그저 평등주의 입장을 고수하려는 것처럼 보이며, 이것은 그들의 신념에 아무런 도움이 되지 않는다. 디모데전서 2:9-15을 설명해 보려는 이러한 노력은 자칫 마음에 들지 않는 단어를 지우려는 나약한 시도라는 인상을 줄 수 있다. 그들이 평등주의 입장을 위해 제기하는 일부 주장은 해석하기 어렵고 미묘한 지점에 기초하고 있다(그리고 이 절의 복잡성을 고려하면 이해할 만하다). 그러나 이러한 평등주의 주장은 전통적인 견해만큼이나 받아들이기가 쉽지 않다. 그런 주장이 옳을지도 모르지만, 그 구절을 헬라어 원어로 읽지 않는 사람에게나 성경을 문자 그대로 읽는 것이 항상 최선이라고 배워 온 사람에게는 이해하기 어려운 주장이다. 성경을 믿는 평등주의자들은 훨씬 더 많이 잘해야 한다.

(세계적인 성서학자인) 한 친구가 최근 내게 디모데전서 2:9-15은 "특이한 용어와 기이함을 지닌 특이한 구절이다. 따라서 최종적 확실성이 확보되지 않는다"라고 말했다. 나는 **최종적 확실성이 확보되지 않는다**는 그의 의견에 동의한다. 이것이 우리가 이 구절을 **과장**하거나 **무시하지** 않도록 주의해야 하는 이유다. 우리는 할 수 있는 한 최선을 다해 이 구절과 씨름하는 데 전념해야 한다. 여기에는 성령이 우리에게 무엇을 말하시는지 듣고 분별하는 것과, 용기와 겸손으로 응답하는 것이 수반된다. 그리고 우리는 이 구절을 성경에 있는 하나님의 전체 계시에 비추어 해석하고 적용해야 한다.

다음은 이 구절에 대한 몇 가지 관찰과, 그것이 오늘날 교회에서 이끌고 섬기는 여성에 대해 우리에게 시사하는 바를 정리한 것이다.

1. 남자들은 불평과 싸움을 그만두어야 하고, 여자들은 소박하고 정숙해야 한다(8-10절)

바울은 먼저 남자들에게 불평과 싸움을 멈추고 갈등에 휘말리지 말 것을 요구하며 시작한다. 남자들은 아마도 예배에서, 하나님께 거룩한 손을 들어 기도해야 하고 또한 기도하는 마음으로 순종해야 한다. 그다음 바울은 여자들에게 소박하고 단정한 옷차림을 하고 하나님을 공경하는 착한 행실을 하라고 가르친다. 오늘날 이 구절이 어떤 관련성을 갖는지에 주목해 보자. 나는 바울이 성차별주의자라고 생각하지 않는다. 그는 단지 실용적 조언을 하고 있을 뿐이다. 이 장 전체에서 그의 목표는 하나님의 백성이 "경건하고 품위 있게, 조용하고 평화로운 생활을" 하고, 그래서 하나님이 영광을 받으시고 사람들이 구원을 얻게 되는 것이다(딤전 2:1-7). 바울은 남자에게도 여자에게와 마찬가지로, 경건함과 참된 예배로 도전하는 것을 기쁘게 여긴다. 그는 "선포자와 사도"(7절)이며, 그의 열정은 교회의 경건함과 연합, 공적 증인 됨을 향해 있다.

2. "여자는 조용히, 언제나 순종하는 가운데 배워야" 한다(11절)
이 진술에 별달리 특이한 점은 없다. 여성과 남성 모두 하나님 말씀의 가르침에 조용히, 순종하는 가운데 배워야 한다. 바울이 "남자에게 순종하는 가운데"라고 말하지 않는다는 데 주목하자. 이것은 **하나님께 대한 순종**이며 **신성한 성경의 가르침에 대한 순종**이다.
그런데 왜 이 가르침은 여성에게 "조용히, 언제나 순종하는 가운데 배우라"고 지시하는가? 왜 남성에게는 그것을 지시하지 않는가? 첫 번째 이유는 박해로 인해 교회가 직면한 위협이다. 두 번째 이유는 여성 주도 종교집단의 영향이다. 바울은 특정한 위험을 염두에 두고 그것에 대해 규제하는 가르침을 제공하고 있는 듯하다.
첫째, 교회는 로마의 박해로 인한 실제적 위협 아래에 있었다.

그리스도인 여성도 그 위협에서 배제되지 않았다. 그들은 박해 기간 동안 끔찍한 고통을 당했다. 이례적이고 위협적인 환경을 고려할 때, 바울이 디모데에게 이 위험한 상황에서 박해 대상으로 지목될 수 있는 행동에 여자들이 관여하도록 허용하지 말라고 주의를 주는 것은 그리 놀라운 일이 아니다. 바울은 언제나 여성에게 목회나 교육 등의 사역을 금지하지 않는다. 단지 그는 특정한 위험 상황을 고려하여 조언을 하는 것이다.

둘째, 많은 학자의 설득력 있는 주장에 따르면, 에베소 교회의 여성들은 그리스도 안에서 누리는 그들의 새로운 자유로 인해 담대해졌을 뿐 아니라, 주변의 여성 주도 종교집단에도 영향을 받았다. 그들은 가르침에 끼어들고 자기 의견을 주장했던 것으로 보인다. 아데미(Artemis) 숭배는 에베소에서 영향력이 있었다. 아데미를 섬기는 신전이 에베소에 지어졌다. 에베소의 아데미는 제우스(Zeus)와 레토(Leto)의 딸로 여겨졌다. 에베소인들은 그녀를 기리기 위해 축제를 열었는데 여기에는 축제 행렬, 정제된 의식, 기타 종교적 축하 행사 등이 포함되었다. 여성은 이 종교집단에서 특별한 위치를 차지했다. 아데미가 기본적으로 '어머니 여신'인지 '구원자 여신'인지에 대해서는 다소 논쟁이 있다. 고고학자들은 고대 에베소 유적지에서 6천 개에 달하는 아데미에 대한 제의문을 발견했다. 고대 그리스 문학에서는, "에베소나 에베소 관련 사안을 언급하는 본문의 무려 3분의 1이 그 여신, 그녀의 성소, 그녀의 숭배자를 가리킨다."[54]

셋째, 스캇 맥나이트와 같은 사람들은 그 당시 로마 제국에서 일어나고 있던 성별과 성의 혁명을 설명한 바 있다. '신 로마 여성'(new Roman woman)은 독단적이었다. 로마의 신여성은 "새로 발견한 자유를 절제되지 않고 성적으로 자극적이며 사치스러운 옷차림으로 표현했다. 로마는 그다지 보수적이지 않았지만, 이 여성들은 그러한 로마인의 한계조차 뛰어넘었다." 로마의 신여성은 "대중 연설과 강연을 위해 연단을 낚아채는 것으로 유명했다." 여기에 "아데미 다산 숭배"까지 더해졌다.[55]

그러한 환경에서 여성은 그들의 종교적이고 영적인 신념을 적극적으로 주장할 것을 권장받았고, 이 과정에서 종종 남성과 대적하거나 남성을 무시하기도 했던 것으로 보인다. 그들은 과시적인 옷차림을 하고, 여성이 남성보다 먼저 창조되었고 남성의 기원이라는 논리를 펼친다(딤전 2:9-14의 취지를 보라). (아데미 숭배 집단이 선언하는 바와 같이) 다산도 중요하지만, 정말 중요한 것은 "믿음과 사랑과 거룩함을 지니고, 정숙하게 [사는 것]"이다(딤전 2:15). 바울은 여성이 자신만의 권위를 내세워 함부로 가르치거나 잘못된 교리를 가르치는 것을 금지한다. 이는 그녀가 자신의 근원인 남자를 무시하기 때문인데 "여자의 머리[근원]는 남자요", "남자의 머리[근원]는 그리스도"이기 때문이다. 다시 말하지만, 바울은 여성이 목회나 가르치는 역할을 행하는 것을 영원히(보편적인 방식으로) 금지하는 것이 아니다. 오히려

---

54 Thomas, "At Home in the City of Artemis." 또한 Mowczko, "1 Timothy 2:12 In Context: Artemis of Ephesus and Her Temple"을 보라.
55 McKnight, *The Blue Parakeet*, pp. 198-199.

그는 에베소 교회가 직면한 구체적인 위험, 즉 **로마 제국의 박해와 에베소의 여성 주도적 종교집단의 영향**에 대하여 조언하는 것이다.

"조용히, 언제나 순종하는 가운데" 배우는 여성은 그러한 맥락에서 매우 쉽게 이해된다. 바울은 디모데에게, 기독교 신앙의 깊은 진리를 배우려는 여성은 반드시 하나님과 복음의 진리에 영으로 순종해야 함을 확실히 하도록 가르친다. 그들은 착한 행실을 특징으로 하는 정숙한 삶을 살아야 한다. 그럴 때 그들은 박해의 위험을 줄이고, 당시 에베소 지역과 그 종교집단에 만연해 있던 이기적인 정신과 대조를 이루게 된다.

그런데, 바울이 '여자들(women)은…배워야 합니다'라고 말하지 않고, '한 여자(a woman)는…배워야 합니다'라고 말한다는 것에 주목하자(11절). 어떤 사람들은 바울이 특정 여성을 염두에 두고 이 말을 하는 것이며, 그가 누구를 말하는지 디모데는 알고 있다고 주장해 왔다. 이 사람은 논쟁을 일으키고 온갖 종류의 잘못된 가르침을 들여왔을 것이다. 바울이 특정인의 이름을 밝히지 않기 때문에 이에 대해 확신할 수는 없다. 하지만 이러한 문법적 암시는 기억해 둘 만하다.

만약 여러분이 이 11절을 일반적인 여성(women)에게 적용한다 해도(그리고 이 절이 에베소의 한 특정 여성을 지시한다는 생각을 좋아하지 않는다 해도), 바울이 '여성은 **항상** 순종적이고 배우는 자세를 유지해야 한다'고 말하지 않는다는 것에 여전히 유념해야 한다. 그는 **배우는** 여성이 조용하고 순종적이어야 한다고 말한다. 배울 때는 그러한 순종이 중요하다. 그것은 하나님께, 거룩한 성경에, 복음에, 그리고 가르치는 자에게 순종하는 것이다. 하지만 그것은 지금 배우는 자가 언젠가 선생이 되는 것을 막지 않는다!

3. "나는 허락하지 않습니다"는 여성이 이끌고 가르치는 것을 영원히 또는 보편적으로 금지하는 것이 아니다(12절)

필립 페인과 같은 사람들은 "여자가 가르치…는 것을 나는 허락하지 않습니다"(I do not permit a woman to teach)가 헬라어 본문에 대한 가장 좋은 번역이 아니라고 주장했다. "나는 허락하고 있지 않습니다"(I am not permitting)가 더 좋은 번역이다.[56] "나는 허락하고 있지 않습니다"는 (여성이 가르치는 것을 영원히 또는 보편적으로 금지하는 것이 아니라) 특정 시점에 에베소에 있었던 특정 문제에 대한 현재적이고 구체적인 가르침이라는 것을 암시한다.

바울이 현재 능동태 직설법인 '에피트레포'(epitrepō, 허락하다)를 부정어인 '오우크'(ouk)와 함께 사용함으로써("나는…허락하고 있지 않습니다") 이것이 특정 상황에 대한 구체적인 가르침임을 강하게 암시한다는 것은 여러 학자들이 밝힌 바 있다. '에피트레포'가 신약성경에 사용된 경우의 대부분과 구약성경에 사용된 모든 경우에, 그 의미는 "특정 시간 또는 짧거나 제한된 기간 동안만"을 언급한다.[57]

그리고 바울은 "남자를 지배하는 것"(assuming authority over a man)이라고 말할 때도 특이한 단어를 사용한다. 그는 '아우텐테인'

---

56 Payne, *Man and Woman, One in Christ*, p. 320.
57 Payne, *Man and Woman, One in Christ*, p. 320.

(*authentein*)이라는 단어를 사용하는데, 이는 헬라어 신약성경의 다른 어느 곳에도 사용되지 않으며, 권위를 뜻할 때 일반적으로 사용되는 단어인 '엑수시아'(*exousia*)와도 상당히 다르다. 이 이야기를 너무 길게 하고 싶지는 않지만, 바울이 말한 의미를 이해하고자 한다면 여기에 주의를 기울여야 한다고 생각한다. 필립 페인은 (해당 구절의 맥락과 어휘적으로 가장 타당한 의미를 고려할 때) 이 문장을 번역하는 가장 좋은 방법은 "나는 한 여자가⋯한 남자를 가르칠 권위를 맡는 것을 허락하고 있지 않습니다"라고 말한다.[58] 다른 말로 하면, 남자들(또는 한 남자) 위에 독단적인 권위를 주장하는 그 여성들(또는 특정 여성 한 사람)은 교회와 복음에 수치를 안긴다. 그들이 잘못된 교리를 가르치고 사람들을 잘못된 길로 인도한다면 특히 그렇다. 이것은 여성이 교회에서 권위를 갖거나 교회에서 남성보다 권위 있는 지위를 맡는 것을 항상 금지하는 것이 아니다. 그것은 독단적 권위를 금지하는 것이며, 특히 잘못된 가르침과 관련된 독단적 권위를 금하는 것이다.

4. 누가 먼저 지으심받았는가, 누가 속임을 당했는가, 출산에 대한 언급은 무엇인가?(13-15절)

13절과 14절은 아데미 숭배 집단의 기원 설화에 대한 언급(및 반박)으로 보이며, 여성이 그 신화를 근거로 어떠한 행동과 태도를 정당화하는 것을 금지하는 내용으로 보인다. 로마의 신여성들은 남성이 여성

58　Payne, *Man and Woman, One in Christ*, p. 395.

에게서 태어나므로 여성이 우선한다고 말하면서 성별의 순서 역시 주장했을 가능성이 크다. 그러한 이치에 따르면 남성은 여성에게 종속되며, 그 로마 신여성은 그것을 확실히 하려 했을 것이다.[59]

그다음 15절을 보자. 15절을 문자적으로 이해하는 것은 예수 그리스도를 믿는 믿음으로 말미암아 오직 은혜로만 구원을 받는다는 우리의 확신과 결코 부합하지 않을 것이다. 여성은 아이를 낳는 일로 구원을 받는 것이 아니라 남성과 정확히 같은 근거로, 즉 예수 그리스도의 인격과 구원 사역에 근거하여 구원을 받는다.

이 이상한 구절이 무엇을 의미하는지 정말로 아는 사람은 아무도 없다. 바울은 어쩌면 여기서 여성이 그들(에베소와 그리스-로마) 세대의 죄악, 위험, 악한 행태로부터, 또는 현재 로마의 박해로부터 구원받는 것을 말하는지 모른다. 아니면 아데미 숭배 집단의 특징인 다산에 대한 강조를 언급하면서 '다산도 중요하지만, 정말로 중요한 것은 믿음, 사랑, 거룩함을 지닌 정숙함이다'와 같은 이야기를 하는 것일 수도 있다. 혹은 "로마 신여성의 결혼 기피"에 대해 언급하는 것일 수도 있고, "다른 이들은 [바울이] 임신 중지에 대한 로마 신여성의 선호도 증가에 대응하고 있다고 제안하기도 한다."[60] 그렇게 함으로써, 그는 어머니의 역할과 결혼의 미덕을 드높이는 것인지도 모른다. 또 다른 이들은 이것이 "예수님을 가리키는 제유법"이라고 주장한다.[61] 바울

---

59 McKnight, *The Blue Parakeet*, p. 195.
60 McKnight, *The Blue Parakeet*, p. 196.
61 Payne, *Man and Woman, One in Christ*, p. 444.

은 여기에서 하와의 이야기나 아이를 낳을 수 있는 여성의 능력을 여성이 사역과 가르침에 완전히 참여하는 것을 제한하는 이유로 이용하지 **않는다**. 그리고 그가 모든 여성이 반드시 결혼해서 아이를 낳아야만 구원을 받을 수 있다고 말하는 것이 **아니라는** 것도 분명한데, 이는 그가 다른 많은 곳에서 말하는 바와 모순되기 때문이다.

그렇다면, 이 모든 것을 어떻게 해석해야 할까? **이것은 일부 특이하고 유별난 용어가 포함된 복잡하고 어려운 구절이며, 그래서 최종적 확실성이 확보되지 않는다.** 이 구절을 읽고 해석하는 모든 사람(평등주의자와 상호보완주의자)은 이 사실을 정직하게 인정해야 한다. 그러나 에베소 교회의 여성들이(또는 그 교회의 어떤 여성이) 전횡하는 태도로 남성들 위에 독단적인 권한을 주장했다는 확실한 사례가 있다. 개략적으로 살펴본 것처럼, 다양한 문화적·종교적 세력이 이 시나리오에 기여했다. 남성들은 불평하며 화를 냈을 것이고, 교회 안에 갈등이 불거지고 있었다. 잘못된 가르침은 박해와 마찬가지로 상존하는 위협이며, 이러한 일들이 에베소 교회 내에서 커져 가는 문제로 인해 더욱 고조되기만 했다. 그래서 바울은 구체적인 이 상황에서 예배에 대한 유용한 가르침을 제시한다.

나는 디모데전서 2:8-15이 여성이 가르침이나 목회적 리더십과 같은 사역자 역할을 감당하는 것을 제지하거나 금지하지 않는다는 결론에 이르렀다. 이 결론은 내가 이 구절과 그 문화적 역사를 고찰한 결과에 따른 것이다. 또한 내가 읽은 성경 전반의 내용과, 교회에서 섬김과 리더십의 자리에 있는 여성에 대해 성경이 말하는 모든 것도 이 결론을 뒷받침한다.

베드로전서 2:13-3:7

여러분은 인간이 세운 모든 제도에 주님을 위하여 복종하십시오. 주권자인 왕에게나… 모든 사람을 존중하며, 믿음의 식구들을 사랑하며, 하나님을 두려워하며, 왕을 공경하십시오. 하인으로 있는 여러분, 극히 두려운 마음으로 주인에게 복종하십시오. 선량하고 너그러운 주인에게만 아니라, 까다로운 주인에게도 그리하십시오.… 아내가 된 이 여러분, 이와 같이 여러분은 자기 남편에게 순복하십시오. 그리하면 비록 말씀에 복종하지 않는 남편일지라도, 말을 하지 않고도 아내 여러분의 행실로 말미암아 구원을 얻게 될 것입니다. 그들이 여러분의 경건하고 순결한 행실을 보고 그렇게 될 것입니다.… 남편이 된 이 여러분, 이와 같이 여러분도 아내가 여성으로서 자기보다 연약한 그릇임을 이해하고 함께 살아야 합니다. 그리고 생명의 은혜를 함께 상속받을 사람으로 알고 존중하십시오. 그리해야 여러분의 기도가 막히지 않을 것입니다. (벧전 2:13, 17-18; 3:1-2, 7)

우리는 이제 바울 서신을 떠나 베드로전서의 한 구절로 이동한다. 남편과 아내에 대한 베드로의 가르침을 살펴보기 전에, 이 구절의 맥락에 주목해야 한다. (1) 베드로는 "우리 영혼의 구원"이라는 산 소망을 갖게 해 주신 "우리 주 예수 그리스도의 하나님 아버지"를 찬양한다(1:1-10). (2) 그는 "본도와 갈라디아와 갑바도기아와 아시아와 비두니아에 흩어져서 사는" 하나님의 백성에게 "마음을 단단히 먹고 정신을 차려서" 거룩한 삶을 살라고 촉구한다. 이것은 죄와 갈등을 멀리하고 "자라서 구원에 이르[는 것]"을 포함한다(1:13-2:3). 우리는 하나님의 놀라운 빛 가운데로 인도함을 받은, 살아 있는 돌, 택하심을 받은 족속, 거룩한 민족, 하나님의 소유가 된 백성이다(2:4-10). (3) 베드로는 권위 있는 통치자나 (하인이) 주인에게 복종하는 것을 포함하여, 교회가 이교도의 세상 속에서 경건한 삶을 살라고 촉구한다(2:11-25). (4) 아내들은 믿지 않는 남편이 그리스도께 인도될 것을 소망하며 그에게 순복하고 내면의 아름다움을 가꾸어야 한다. 남편들은 아내에게 배려와 존중과 보살핌과 보호를 제공해야 하는데, 왜냐하면 남편과 아내는 "생명의 은혜를 함께 상속받을 사람"이고 "그리해야 여러분의 기도가 막히지 않을 것"이기 때문이다. "마지막으로, [남편과 아내] 모두 한마음을 품으며, 서로 동정하며, 서로 사랑하며, 자비로우며, 겸손[해야 한다]"(3:1-8). (5) 만약 이 세상에서 고난을 당한다면, 선을 행한 것 때문에 고난을 당하도록 해야 한다(3:8-22).

이 본문에는 오늘날 우리에게 익숙하지 않은 표현과 가르침이 일부 있다. 그에 대해서는 우리의 신학적 입장과 상관없이 모두가, 성경의 나머지 말씀들을 통해 그것들을 해석한다.

한 가지 예는 황제나 총독과 같은 "인간이 세운 모든 제도에" 스스로 복종하라는 베드로의 가르침이다. "하나님을 두려워하며, 왕을 공경하십시오"(2:13-14, 17). 물론 우리는 모두 이 말에 단서를 달아,

세속의 통치자들이 우리에게 무엇을 하라고 요구하는지, 우리의 예배와 충성 맹세를 누구에게 바치라고 요구하는지에 따라 그 의미는 크게 달라진다고 말할 것이다. 초기 그리스도인들은 황제와 로마 제국의 권력자에게 절하기를 거부하고 오직 유일하신 참 하나님만 예배하기로 선택함으로써 막대한 대가를 치렀다. 모든 시대의 그리스도인이 비슷한 입장을 취했고, 순교자들처럼 극한의 대가를 치르기도 했다.

베드로는 또한 하인들이 '하나님을 경외하는 마음으로'(새번역은 "극히 두려운 마음으로") 주인에게 복종해야 한다고 말한다. 하인은 선량하고 너그러운 주인에게만 아니라, 까다로운 주인에게도 복종해야 한다. 이 하인들은 선을 행하느라 고난을 당하고, 복음의 좋은 증인이 되며, 하나님을 생각하면서 부당한 고난을 참고, 그리스도의 고난의 발자취를 따르는 것이다. 그리스도는 고난을 당하실 때 "정의롭게 심판하시는 이"를 신뢰하고 보복하지 않으셨다. 하인들도 이와 같이 행동해야 한다(2:18-25). 물론 우리는 이 하인들(slaves)의 고난과 그들이 처한 끔찍한 상황을 이해한다. 그러나 이 구절이 노예제도를 정당화한다든지 현대의 노예가 그리스도를 위해 그저 침묵하고 자신의 운명을 받아들여야 한다고 말할 사람은 거의 없을 것이다.

우리가 통치를 받는 사람과 노예가 된 사람을 향한 베드로의 말을 해석할 때 전체 성경과 그 본문의 역사적 맥락이라는 렌즈를 통해 해석해야 하는 것처럼, 남편과 아내를 향한 말도 그렇게 해석해야 한다. 일반적으로 여성은 남성보다 신체적으로 약하다. 그러나 소녀나 여성과 조금이라도 시간을 보내 봤다면 그들이 '더 약한 성별'도 아니고 '연약한 파트너'도 아니라는 것을 너무나 잘 알 것이다(3:7). 여성의 영적·삼정적·심리적·관계적·지적 강점 및 그 밖의 강점들은 부인할 수 없으며, 분명히 남성과 동등하다(또는 더 낫다). 더욱이 가정 폭력의 경우는 어떤가? 폭력적이고 학대하는 남편에게 여성은 그저 복종해야 하는가? 당연히 오늘날에는 여성이 폭력이나 학대가 만연한 결혼 생활에서 벗어날 수 있도록 우리가 할 수 있는 모든 것을 할 것이다. 늘 그렇듯, 성경 본문의 통찰을 오늘날 우리의 삶과 결혼 생활에 적용하기에 앞서, 그 본문을 주의 깊게 읽고 해석하는 것이 필요하다.

베드로가 남편과 아내에게 한 조언은 이교적인 로마의 통치하에서 고난당하는 그리스도인들과 가부장제 사회를 배경으로 한다. 베드로는 믿는 자들이 집에서뿐 아니라 광장에서도 경건한 삶을 살아야 하며 이는 그들이 그리스도의 증인으로서 로마의 압제와 박해에서 살아남기 위해서라고 말한다. 믿지 않는 남성과 결혼한 그리스도인 여성에게 이 말은 이교적이고 가부장적이며 박해가 벌어지는 1세기 로마에서 그리스도인의 삶과 증인 됨을 위한 선교 전략(이자 생존 전략)이다.

『결혼과 사역의 파트너』(*Partners in Marriage and Ministry*)에서 로널드 피어스는 가장 합리적인 결론에 도달하기 위해 예수님과 베드로의 생애와 말씀에서 찾은 사례들을 제시한다. "그것이 우리에게 달려 있는 만큼, 우리는 모두 배우자를 포함한 다른 사람과 평화롭게 살아갈 것을 요구받는다"(롬 12:18; 고전 7:15과 비교하라). 그러나 그것이 양심상 불합리하고 가능한 다른 선택지가 더 이상 없다면, 예수님과 베드로 모두 '사람보다 하나님께 복종하라!'(행 5:29)고 말씀하셨을 것이라고 나는 믿는다."[62]

베드로는 여성이 항상 남편에게 조용히 복종하며 살아야 한다는 영원 불변의 규칙을 세운 것이 아니다. 그는 박해, 가부장제, 믿지 않는 배우자라는 환경 안에서 거룩하고 평화로운 삶을 살기 위한 지침을 제시한다. 오늘날 우리 대부분은 그들과 매우 다른 환경 및 문화에서 살고 있다! 베드로의 말은 이상적인 남녀 관계를 불가능하게 만드는 것이 아니다(실은 오히려 이상적인 남녀 관계를 기대한다). 이상적인 관계는 아내와 남편이 평등하고 상호적으로, 하나님의 영광을 위해, 서로에게 내주하시는 그리스도를 경외하는 가운데 함께 사는 것이다. 그렇게 사랑하는 상호적 관계에서는 "말로 다 표현할 수 없는 [영광스러운] 즐거움"(1:8), 감사와 거룩함(1:1-25), 영적 성장(2:1-3), 하나님께 택함받은 특별한 존재라는 인식(2:4-10), 평화로움, 경건함, 자유, 존중(2:11-25), 단정함, 자족함, 인격의 성장(3:1-6), 서로를 위해 기도하는 상호 배려와 존중(3:1-7)이 나타난다. 얼마나 멋진 결혼 생활인가!

베드로는 아내들에게 남편에게 순종하고 단정함과 온화함으로 인격을 성장시키라고 말한다. 하지만 또한 남편들에게도 아내에게 순종하라고 말한다. 7절에 있는, "남편이 된 이 여러분, 이와 같이 여

---

62 Pierce, *Partners in Marriage and Ministry*, p. 72.

러분도"를 놓치지 말자. "이와 같이"가 암시하는 동사는 "순종하십시오"다. "이와 같이" 또는 "마찬가지로"는 여성에게 말한 것이 남성에게도 적용된다는 것을 의미한다. 남성은 아내에게 순종하되 이를 배려, 존중, 기도의 영으로 행해야 하는데, 왜냐하면 아내는 "생명의 은혜"의 공동 상속자이기 때문이다. 이 구절에서 제시하는 상호성은 매우 훌륭하다. 그리스도인 남편들에게 베드로는 "남편들도 마찬가지로 아내에게 순종하고, 아내와 함께 살면서, 그를 이해하고, 그를 존중해야 한다"고 말한다.[63] 베드로와 바울은 관계에서나 성별 간에나 문화적인 면에서 권력을 가진 사람들에게 말할 때 예수님의 방식을 따른다. 다른 사람을 지배하지 말고, 힘에 의지하지 말고, 그 대신 다른 사람을 동등한 존재로서 존중, 위엄, 경의, 사랑으로 대하라고 말한다.

여성과 남성에게 똑같이 부어 주신 성령 받기
— 요엘 2:28-32; 사도행전 2장; 고린도전서 12-14장

> 그런 다음에, 내가 모든 사람에게 나의 영을 부어 주겠다. 너희의 아들딸은 예언을 하고, 노인들은 꿈을 꾸고, 젊은이들은 환상을 볼 것이다. 그때가 되면, 종들에게까지도 남녀를 가리지 않고 나의 영을 부어 주겠다. (욜 2:28-29)

---

[63] Pierce, *Partners in Marriage and Ministry*, p. 74.

하나님께서 말씀하신다. 마지막 날에 나는 내 영을 모든 사람에게 부어 주겠다. 너희의 아들들과 너희의 딸들은 예언을 하고…. (행 2:17)

은사는 여러 가지지만, 그것을 주시는 분은 같은 성령이십니다. 섬기는 일은 여러 가지지만, 섬김을 받으시는 분은 같은 주님이십니다. 일의 성과는 여러 가지지만, 모든 사람에게서 모든 일을 하시는 분은 같은 하나님이십니다. 각 사람에게 성령을 나타내 주시는 것은 공동 이익을 위한 것입니다.…이 모든 일은 한 분이신 같은 성령이 하시며, 그는 원하시는 대로 각 사람에게 은사를 나누어 주십니다.

(고전 12:4-7, 11)

많은 저자가 여성이 교회에서 섬기고 이끌어 갈 수 있는 방법을 논의할 때 요엘 2장, 사도행전 2장, 고린도전서 12-14장(의 대부분)을 너무 자주 생략한다. 그러나 오순절(Pentecost)을 비롯해 여성과 남성 모두에게 하나님의 은사가 부어진 일은 이 논의에서 대단히 중요하다. 이것이 대체로 오순절주의자와 은사주의자가 복음주의자와 칼뱅주의자보다 여성 사역을 더 지지해 온 이유 중 하나일 것이다(실천에 있어서 항상 그런 것은 아니지만, 최소한 이론상으로는 그렇다). 성령의 은사와 성령 세례를 강조하는 사람은 "너희의 아들딸은 예언을 하고"라는 구절과 권능을 주시는 하나님의 임재가 여성과 남성 모두에게 동일하게 임할 수 있음을 더 쉽게 인식할 수 있다(욜 2장; 행 2장).

지면 관계상 이 장들을 자세히 들여다보기는 어렵지만, 여기에

몇 가지 견해를 간략하게 제시하고자 한다. 특히 예배의 회중으로 모인 여성과 남성에 대해 말씀하는 고린도전서 12-14장의 의미에 초점을 맞출 것이다. 상호보완주의자는 고린도전서 12-14장 전체에 귀를 기울이거나 중요한 주제들에 주목하지 않고, (앞에서 이미 살펴본 바 있는) 고린도전서 14:34-35로 재빨리 넘어갈 수 있다. **모두가 참여하는 은사주의 집회에 대한 바울의 비전은 요엘 2장과 사도행전 2장의 오순절 경험을 중심으로 형성된다.** 사도행전 2장에서 성령이 모든 육체에 부어지고, 하나님의 사람들이 모두 이전과는 전혀 다른 새로움을 경험한다. 스캇 맥나이트는 이에 대해 다음과 같이 말한다. "성경은 우리에게 오순절이 사역에서 여성 능력의 감소가 아닌 **증진**을 생각하도록 한다고 말한다. 성경의 이야기가 진행될수록 여성 사역은 위축되지 않고 **확장된다**. 오늘날 많은 사람이 사역에서 여성이 하는 역할을 축소시켜 왔다. 이것은 성경의 이야기가 직접 말하는 것과 완전히 모순된다."[64]

고린도전서 12-14장에서 우리는 무엇을 알 수 있는가? 우리는 성령이 그리스도인의 사역과 섬김을 위해 남성과 여성 모두를 불러 모아 권능을 부여하는 것을 어떻게 볼 수 있는가? 이에 대한 열 가지 주장을 제시하고자 한다.[65]

---

64 McKnight, *The Blue Parakeet*, p. 190.
65 나는 이러한 소견을 다음 책에서 처음 게재했다. Hill, *Salt, Light, and a City*, pp. 248-255.

1. 바울은 하나님의 사람들이 영적일 때 그들의 삶에 성령이 내적·외적으로 나타난다고 말한다. 성령은 영감으로 가득 채우고 열정으로 사로잡는다. 하나님으로부터 불어오는 숨 또는 영은 보통 한 사람의 삶에서 변화의 결과로 증명된다. 이러한 변화는 도덕성, 담대한 증언, 하나님을 향한 열망, 새로워진 열정 등의 영역에서 일어난다. 성령의 임재는 그리스도인의 삶에 뚜렷한 영향을 미치고, 결국 예배하기 위해 모인 믿는 자들의 공동체에도 큰 영향을 준다. 이러한 개인적 변화와 공동체적 영향은 남성뿐 아니라 여성에게도 똑같이 나타난다. 성령은 여성과 남성 모두에게 세례를 주고 그들을 충만하게 하며 사역과 선교를 감당할 담대함과 권능을 부여한다.

2. 은혜는 모든 영적 은사의 근원이다. 하나님의 은사는 거저 주신 은혜의 선물이다. 하나님은 주시는 신(divine Giver)이다. 영적 은사는 하나님의 은혜를 구체적으로 표현한 것이다. 모든 은사와 진정한 영적 탁월함에는 은혜가 꼭 필요하다. 이를 알면 모든 영적이고 사역적인 은사의 본질을 잘 이해할 수 있다. 이러한 은사는 거저 주신 은혜의 선물이므로, 신자 개개인의 삶이나 신자들의 모임에서 자존심, 자만, 엘리트주의의 원천이 되어서는 안 된다. 성령은 은사를 성별, 계급, 민족, 지위 등에 따라 나누어 주시지 않는다. 하나님은 풍성한 자비와 은혜에 따라 여성과 남성 모두에게 다양한 영적 사역의 은사를 주셨다. 모든 영예와 영광은 그분에게만 돌

려야 한다. 바울은 은사와 은혜와의 관련성을 명확히 드러내어 강조하므로 이를 간과할 수 없다. 초점은 결코 성별에 있지 않다. 초점은 항상 그리스도, 은혜, 사랑에 있다.

또한 **카리스마**(charisma)라는 단어의 본질은 하나님의 은혜가 그분의 모든 백성 가운데 또는 그들의 삶 가운데 수많은 방식으로 증명되는 것을 의미한다. 그러므로 영적 은사를 좁은 범위에서 정의하거나 이해해서는 안 된다(예를 들어, 남성이 행하는 몇몇 사역인 것처럼 말이다). 그리스도인이 영적 은사의 특정한 발현이나 현현(manifestations)에 따라야 한다는 압박도 피해야 한다.

바울은 **카리스마타**(charismata)를 대개 '성령의 은사들'로 이해한다. 이러한 은사는 다양하고, 그것이 필요한 시점에 공동체의 덕을 세우는 형태로 나타나며, 하나님으로부터 기원한다. 은사의 발현에서 다양성은 하나님이 정하신 것으로 꼭 필요하다. 여성과 남성이 그들의 은사를 비슷하게 혹은 다르게 표현한다고 해서 놀랄 필요가 없다. **카리스마**라는 단어는 소수의 비범한 은사만을 지칭하는 것이 아니라, 관대함과 구원 그 자체를 포함한 다양한 은사를 아우를 수 있다. **카리스마타**라는 단어는 은혜와 관련되어 있다는 뉘앙스를 풍긴다. 다만 바울이 그의 글에서 이 단어를 쓸 때 그 기저에는 그리스도 중심적인(Christ-centered) 흐름이 있다. 그리스도인의 삶과 하나님 자녀들의 모임 안에서는 황홀한 종교적 경험(또는 성별이나 능숙함)보다 은혜, 경건한 인격, 복음을 지키는 능력 및 그리스도 중심성을 통해 스며드는 탁월함(그리고 영적인 은사)의 발현이 더 중요하다. 하나님은 개별적이거나 성별 중심적이거나 성별 배타적이거나 자기중심적인 영성의 형태를 좋아하지 않으신다. 모든 영적 사역의 은사는 그 기원을 하나님의 은혜에 두며, 그 은사를 여성이 행하든 남성이 행하든, 성령이 뜻하신 대로 믿는 자들의 공동체에서 덕을 세우는 역할을 한다.

3. 여러 기독교 단체는 믿는 자들의 삶 속이나 기독교 공동체 안에 성령이 활동하고 계시는지를 판단하기 위해 수많은 기준을 제안해 왔다. 예를 들어, 전통적 오순절주의자는 방언으로 말하는 것이 그리스도인의 삶에서 성령이 활동하시는 증거라고 종종 제안해 왔다. 어떤 이는 영적인 삶을 측정하는 데 성별을 구분하는 방법을 제안한다(예를 들어, 성별을 구분해서 기독교 영성을 판단하는 방법으로 '남성은 강한 리더가 되어야 한다'와 '여성은 부드러운 양육자가 되어야 한다' 같은 것).

그러나 바울은 주 예수 그리스도를 영화롭게 하는 것을 성령 활동의 기준으로 삼는다(고전 12:1-3). 여성과 남성은 동등하고 동일하게 그리스도를 영화롭게 한다. 그리스도를 주님으로 높이는 모든 행위, 즉 그리스도인의 사적이고 공적인 삶의 모든 측면에서 이 진리를 증언하는 것은 그리스도인의 삶 속에 성령이 활동하고 계신다는 주된 증거다. 공적 예배를 위한 그리스도인의 모임에서도 마찬가지다. 이러한 '삶 전체를 통한 제자도'(whole-of-life discipleship)가 사역에 대한 영성과 적합성을 측정하는 방법이다.

그 사람이 사역을 위해 성령으로부터 택하심을 받았는가? 그들은 거룩함과 은혜와 사랑으로 사는가? 그들은 복음의 진리를 지킬 수 있는가? 그들은 은사와 능력이 있는가? 그들은 좋은 인격을 소유하는가? 성별이 아니라, 이런 것들이 중요하다.

4. 성령이 다양하게 나타나시는 것은 모두 공동 이익(common good)을 위해서다. 그러한 현현은 개인의 출세와 고양보다는, 믿음의 공동체 전체를 든든하게 세우기 위한 것이다. 성령의 은사와 그것이 발현된 모습은 (성별이 그렇듯이) 부차적인 목적에 머물러야 하며, 주된 목적은 공공의 덕을 세우고 공동 이익을 추구하는 것이 되어야 한다. 그러므로 눈에 띄는 공적인 형태로 성령을 나타내고자 할 때, 우리는 다음 몇 가지 자기 성찰적인 탐색을 해야 한다. 우리의 핵심 동기는 무엇인가? 스스로를 높이거나 스스로 인정받는 것이 동기인가? 일종의 자만이나 자아도취는 아닌가? 아니면, 공동체의 덕을 세우고자 하는 열정과 부활하신 주님을 영화롭게 하고자 하는 소망이 동기인가? 모든 신자는 여성과 남성 모두 이 문제를 두고 자신의 마음을 살펴보아야 한다.

5. 앞에서 본 바에 이어서, 몸에 대한 바울의 비유는 성령의 다양한 현현을 통해 개인적 방종이 아니라 공동체의 덕을 바로 세우는 것에 초점을 맞춘다. 성령은 이러한 다양한 현현을 여성과 남성에게 부으셨다. 교회의 다양성은 진정으로 연합하고 서로 덕을 바로 세

우는 데 꼭 필요하다. 그리스도의 몸 안에 있는 다양한 은사, 민족성, 문화, 계층, 언어, 성별의 경이로움을 드러내면서 자신의 은사를 다양한 모습으로 표현하는 그리스도인들이 우리에게 필요하다. 성령의 다양한 현현은 공동체의 덕을 세우고 그리스도를 높이는 데 기여할 때 가치가 있다. 그러므로 하나님의 사람들이 공적 예배를 위하여 함께 모였을 때, 순응이 강요되거나 다양성이 억압되어서는 안 된다. 모든 일이 질서와 경건함 그리고 선교와 증언을 향한 열정으로 이루어지는 한, 몸의 덕을 최대로 세우기 위하여 하나님은 성령이 다양한 모습으로 나타나게 해 주신다.

수많은 다양한 은사는 성령의 연합하게 하는 활동과 임재의 증거다. 각각의 그리스도인, 즉 여성과 남성은 성령이 그들을 감동시키시는 대로 기여할 수 있도록 애써야 한다. 특히 예배를 위해 하나님의 자녀들이 공적으로 모이는 동안 그래야 한다(공적인 가르침과 사역의 대부분을 한 사람, 주로 남성이 행하는 지배적인 모델과는 대조적이다). 성령은 아주 공평하신 분이다. 모든 계층과 인종과 양쪽 성별의 모든 사람에게 그리스도와 교회를 위하여 그분 자신과 그분의 은사들을 주신다. 성령이 하나님의 사람들에게 운행하시면 여성 사역이 확장된다.

6. 사도, 예언자, 교사를 비롯해 권력, 지위, 명망이 따르는 어떤 역할이든 실제로 그 역할을 행하는 그리스도인은, 눈에 덜 띄고 덜 존경받는 역할을 하는 사람을 인정하고 존중하려는 겸손과 의지를

보여야 한다. 이것은 예배를 위한 공적 모임에서도 그러하다. 하나님의 사람들이 모일 때, 연약하고 덜 존중받는 은사를 가진 몸의 지체들이 불명예나 무시나 멸시를 받아서는 안 된다. 그들은 존중받아야 하며 그들의 꼭 필요하고 중요한 영적 은사와 타고난 재능을 발휘할 수 있도록 허용되어야 한다.

여성은 종종 무대 뒤에서 섬기는 경향이 있다. 그들은 기꺼이 궂은일을 하고 다른 사람을 섬기며 일이 순조롭게 진행되도록 만드는 팀 플레이어다. 내가 남성은 흔히 인정받는 공적 역할을 선호한다고 말할 때 어떤 비밀을 누설한다고 생각하지 않는다. 하나님이 우리를 불러 은사를 주신 그 역할이 무엇이든, 공적인 것이든 무대 뒤의 것이든, 몸에 대한 바울의 비유가 설명하듯이 우리는 하나님과 그분의 사람들에게 훌륭한 가치가 있다. 모든 은사는 성령의 은혜로 받은 것이다. 모든 은사는 똑같이 중요하며 서로 덕을 세우고 든든하게 세워져 가기 위하여 몸에 속한 사람들에게 주어진다.

7. 사랑은 결코 은사에 반할 수 없는데, 이는 고린도전서 12장에서 바울이 말한 바가 아니기 때문이다. 오히려 사랑은 모든 은사를 행하는 방식이다. 사랑은 모든 영적 사역의 은사와 섬김의 행위를 초월하고 아우른다. 사랑은 이러한 것들의 가장 중요한 근원이다. 그러므로 논리적인 결론은 그리스도인이 사랑을 추구해야 하고 영적 은사를 열심히 사모해야 한다는 것이다. 바울이 "여성은 특

정한 은사를 구해야 하며" "남성은 다른 은사를 구해야 한다"고 말하지 않는다는 것이 결론이 아니다. 모두가 "더 큰 은사들"을 구해야 한다. 하지만 어떤 역할이나 은사를 행하든지 사랑으로 해야 한다. 바울이 고린도전서 13장에서 묘사한 대로, **아가페**(신성한 사랑)의 특성이 사적·공적·내적 삶의 모든 측면에 스며들도록 해야 한다. 이 신성한 사랑은 예배를 위해 모일 때, 특히 영적 은사를 행하는 방식으로 신자들의 공동체에서 분명히 드러나야 한다. 공동체 내에서 영적 은사는 인내, 친절, 겸손, 배려, 자기 비움으로 행하고, 진리와 함께 기뻐하고, 모든 것을 덮어 주며, 모든 것을 믿으며, 모든 것을 바라며, 모든 것을 견디는 가운데 행해야 한다.

교회에서 우리는 그리스도인 리더들이 '다른 사람들을 지배'하는 모습을 너무 자주 본다. 이들은 종종 무책임하고, 통제하기 좋아하며, 권력에 굶주린 남성이다. 그러나 그보다 그리스도인의 삶은 신성한 사랑을 가시적으로 나타내야 한다. 남성과 여성이 영적 은사를 사용하는 것은 그러한 장엄한 사랑이 존재한다는 증거가 되어야 한다. 그러면 그들이 집에 있을 때나 그리스도를 예배하고 서로를 든든히 세워 주기 위해 함께 모일 때 전체 공동체의 덕을 세우게 된다.

8. 14장에서 바울은 고린도 교인들에게 사랑을 추구하며 영적 은사, 특히 예언의 은사를 열심히 구하라고 요청한다. 12장에서 그는 성령의 모든 다양한 나타나심은 공동 이익을 위한 것이라는 기본 원

리를 제시했다. 모든 은사는 공동체 전체를 든든히 세우기 위한 것이다. 하나님은 다양성의 맥락 속에서 통합을 이루어 내실 수 있다. 그러므로 그리스도인들이 공적 예배를 위해 함께 모일 때, 영적 은사들이 억압되거나 멸시되어서는 안 된다.

만약 한 여성에게 리더십의 은사가 있다면, 그녀가 이끌도록 하자. 만약 한 여성에게 가르치는 은사가 있다면, 그녀가 가르치도록 하자. 만약 한 여성에게 예언의 은사가 있다면, 그녀가 예언하도록 하자. 이렇게 성령이 여성과 남성 모두에게 주신 은사를 북돋워 주어 활활 불타오르게 해야 한다. 이러한 은사의 기준은 성별이 아니라 인격과 복음에 대한 헌신이다. 지역 교회의 경건한 질서와 교회 리더십에 대한 존중이다. 덕을 세움, 권면, 위로, 가르침에 대한 노력이며, 신뢰할 수 있는 공적 증언에 대한 헌신이다. 이러한 기준은 여성과 남성에게 해당되며 그들이 은사를 사용하는 데 있어서도 동일하게 적용된다.

9. 신자들의 공적 집회에서는 질서가 유지되어야 한다. 바울이 여성과 남성에게 주는 가르침은 흔히 문화적으로 민감한데, 이는 그가 경건한 질서 및 공적 신뢰와 증언에 관심이 있기 때문이다. '덕을 세우는 것과 증언을 위한 질서'의 일반적 원칙이 하나님의 사람들이 함께 모이는 모든 상황, 특히 공적 예배에 적용된다. 여성과 남성 모두 경건, 절제, 사랑으로 살아가는 방식을 배울 책임이 있다. 이것은 세상 속에서 몸의 덕을 세우고 그 증인이 되는 데 기여하는

경건하고 질서정연한 삶이다. 복음을 위해서는 모든 것이 적절하고 질서정연하게 행해져야 하는데, 하나님은 무질서의 하나님이 아니라 평화와 구원의 하나님이시기 때문이다.

10. 초대교회에서 (그리고 모든 시대와 문화를 통틀어서) 수많은 여성과 남성이 사역에 참여하는 모습을 볼 수 있는 이유는 성령이 모든 육체에 부어졌기 때문이다. 그리스도의 몸을 섬기기 위해 여성과 남성이 똑같이 담대함을 얻었고 권한을 부여받았다. 이끌고 가르치는 여성은 그렇게 하는 남성과 마찬가지로 성령의 공급하심, 임재하심, 보호하심, 능력을 경험한다. 그것은 찬양할 일이고 거리낌 없이 확언할 수 있는 일이다. 성령은 사역과 리더십을 위해 남성과 여성 모두에게 은사를 주시고 자유를 주시며 모든 성별을 포괄하신다. 이러한 이유로 우리는 전 세계 교회에서 놀라운 은사를 가진 수많은 여성 리더와 교사를 볼 수 있다.

고든 피는 이렇게 말한다. "결국 나의 논점은 페미니스트 어젠다(feminist agenda), 즉 여성 사역에 대한 옹호가 아니다. 그보다는 성령 어젠다(Spirit agenda), 즉 교회가 교회 안에서 그리고 세상에 더 효과적으로 사역할 수 있도록 우리의 제한과 구조로부터 성령을 자유롭게 해 달라는 탄원이다."[66]

---

66 Pierce, Groothuis, and Fee, *Discovering Biblical Equality*, p. 254.

삼위일체의 종속성 문제 고찰하기 – 빌립보서 2:5-11

여러분 안에 이 마음을 품으십시오. 그것은 곧 그리스도 예수의 마음이기도 합니다. 그는 하나님의 모습을 지니셨으나, 하나님과 동등함을 당연하게 생각하지 않으시고, 오히려 자기를 비워서 종의 모습을 취하시고, 사람과 같이 되셨습니다. 그는 사람의 모양으로 나타나셔서, 자기를 낮추시고, 죽기까지 순종하셨으니, 곧 십자가에 죽기까지 하셨습니다. 그러므로 하나님께서는 그를 지극히 높이시고, 모든 이름 위에 뛰어난 이름을 그에게 주셨습니다. 그리하여 하늘과 땅 위와 땅 아래 있는 모든 것들이 예수의 이름 앞에 무릎을 꿇고, 모두가 예수 그리스도는 주님이시라고 고백하여, 하나님 아버지께 영광을 돌리게 하셨습니다. (빌 2:5-11)

어떤 이들은 여성 사역에 대한 자신들의 견해를 뒷받침하기 위해 삼위일체 교리를 사용해 왔다. 남성에 대한 여성의 종속은 하나님에 대한 그리스도의 영원한 종속과 비교된다. 그리스도는 하나님 아버지께 영원히 종속되어 있는가, 아니면 아버지와 동등한가?

오늘날 복음주의 학자 대부분은 성자가 성부에게 영원히 종속되어 있다고 믿지 **않는다**. 성자는 이 세상에서 살고 사역하는 동안, 또 십자가에서 사명을 감당하는 동안 한시적이고 자발적인 순종과 종속을 받아들인 것이다. 하나님에 대한 그리스도의 **영원한** 종속을 바탕으로 여성의 남성에 대한 영구 종속 이론을 내세우는 상호보완주의자는 정통적이고 역사적인 기독교 신앙에서 어긋나 있다. 케빈 자일스는 그의 책 『삼위일체와 종속주의』(*The Trinity and Subordinationism*)에서 교부와 종교개혁자의 저작과, 니케아와 아타나시우스 신조 같은 글을 분석하면서 이 점을 확실히 보여 주었다.[67] 칼뱅을 포함한 종교개혁자들은 종속주의에 도달하기 위해 사용된 신학적 방법을 거부했다. 비록 상호보완주의자가 성자가 **본질/존재**는 동등하며 **기능/역할**이 종속적인 것이라고 말한다 해도, 그들은 삼위일체에 관해 널리 합의된 역사적 관점과 여전히 조화를 이루지 못한다(성경을 믿는 대다수 복음주의자의 관점과 일치하지 않는다). 종속주의자의 목적은 흔히 (사실상 거의 항상) 성부/성자 그리고 남성/여성 사이에 유사점을 이끌어 내는 것이고, 이는 초라한 실패로 돌아간다.

빌립보서 2:5-11은 이 논의에서 중요한 본문이다. 바울은 여기서 그리스도가 성부와 영원히 동등한 존재이지만, 자발적으로 성육신을 통해 한동안 자신을 종속시키기로 선택한 것으로 묘사한다. 그리스도는 인류의 구원을 위해 이 일을 하셨고, 그것은 영원한 종속이 **아니다**. 이 본문의 마지막 구절은 하나님 아버지와의 영원한 동등성을 나타낸다. 나아가 이 구절의 핵심은 권력과 지위를 내려놓고 서로를 섬기는 겸손이다. "다른 사람을 섬기면서 기꺼이 자신을 복종시키는 것은 그리스도를 닮은 것이다. 그것은 남성와 여성 모두에게 그렇다.…'여러분 안에 이 마음을 품으십시오. 그것은 곧 그리스도

---

67 Giles, *The Trinity and Subordinationism*.

예수의 마음이기도 합니다.'"[68]

종속성에 관한 주장은 외양만 그럴듯할 뿐, 역사적 기독교 신앙과 맞지 않으며 논리적으로 결함이 있다. 또한 역사적 삼위일체 신앙과 상충된다. 존 제퍼슨 데이비스(John Jefferson Davis)는 다음 글에서 그러한 주장의 심각성을 보여 준다.

이 관점의 지지자들이 자신들의 주장에 대한 논리를 시간을 초월하여 영원까지 확장하려는 것인지 궁금하다. 만약 **시간** 속에서 성자의 성부에 대한 종속이 지상 교회에서 여성의 남성에 대한 종속을 정당화한다면, 이른바 영원 속에서 성자의 성부에 대한 종속은 새롭게 창조된 천상 교회에서 여성의 남성에 대한 **영원한 종속**을 정당화한다는 말인가? 하나님 나라에서 여성은 **영원히** 이류 시민인가? 성경과 전통에 대한 외양만 그럴듯한 이러한 주장과 오해들은 여성을 끝없는 종속의 지위에 처하게 한다. 설상가상으로, **아들 하나님에게서** 그분의 영원히 공존하는 상호 동등한 영광, 위엄, 통치권을 **빼앗아 버린다.**[69]

삼위일체적 비전은 분열과 권력 구조와 위계 질서의 고착화가 아니라 사랑, 친밀감, 상호성, 교감, 모든 하나님의 사람의 완전한 참여로 이어져야 한다. 나는 레오나르도 보프(Leonardo Boff)의 이 말을

---

68 Giles, *The Trinity and Subordinationism*, pp. 116-117.
69 Davis, "Incarnation, Trinity, and the Ordination of Women to the Priesthood."

좋아한다. "삼위일체적 비전은 위계 질서보다는 교감, 권력보다는 섬김, 피라미드형 구조보다는 원형 구조, 권위 앞에 무릎 꿇는 것보다는 사랑으로 포용하는 교회의 비전을 만들어 낸다. 그러한 삼위일체적 모델의 교회는 교회의 모든 기능이…모두의 이익과 관련된 모든 것에서 모두가 반드시 교감하고 참여할 수 있도록 한다."[70]

그럼에도 그리스도인들은 삼위일체 비유를 조심스럽게 절제해서 사용해야 한다. 인간의 본성은 하나님의 본성과 같지 않다. 인간의 관계는 삼위일체 하나님 사이의 관계와도 같지 않다.

질문하기:
"성경적 평등주의 입장이 최근의 문화-수용적 혁신인가?"

때때로 성경적 평등주의가 최근의 문화-수용적 혁신이라는 주장이 제기되기도 한다. 대부분의 문화가 가부장제였고 교회 역사의 상당 부분도 가부장제를 특징으로 해 온 것은 사실이다. 종교, 가부장제, 여성 혐오, 신학이 너무 자주 손을 맞잡아 온 것도 사실이다. 또한 기독교 페미니즘의 현재 유형 중 많은 부분이 최근 나타난 현상이라는 것도 맞다.

하지만 내가 성경 본문을 분석해서 보여 준 것처럼, 성경의 초점은 상호성과 평등에 있다. 그것이 성경의 궤적이다. 성경을 펼칠수

---

70 Boff, *Trinity and Society*, pp. 153-154. 『삼위일체와 사회』(대한기독교서회).

록 여성의 자유와 존엄은 커지고 사역이 확장된다. 성경적 평등주의는 예수님과 바울의 비전과 실천에 충실하다. 그것은 여성과 남성을 이해하고, 교회에서 여성이 교사와 리더로서 수행할 수 있는 역할을 이해하는 데 성경적으로 충실한 방법이다. 이는 그것이 최근의 문화-수용적 발상이 아니라 수천 년 된 것, 예수님과 성경에 진실한 것임을 의미한다.

성경적 평등에 대한 요구와 모든 유형의 사역과 리더십에서 여성을 자유롭게 해 달라는 요구는 페미니스트 의제가 **아니며**, 그러한 것에 의해 주도되지 **않는다**. 그것은 '진보적' 의제도 **아니다**. 그것은 성경적 의제**이고**, 성령의 의제**이며**, 선교적 의제**이고**, 복음의 의제**다**. 더불어 예수님이 여성을 환영하고 존중하신 방식을 반영함으로써 예수님을 영화롭게 하는 의제**다**. 남성과 여성이 **완전히 평등하고**, 교회에서 **모든 유형의** 가르침, 사역, 리더십에 동등하게 참여할 수 있다고 보는 것은 고대의 성경적 비전이다. 그것은 깊이 있는 성경적 비전이며, 모든 하나님의 사람과 세상을 위한 현재 및 미래의 사회적·선교적·윤리적·교회적 결과물로 이루어진 것이다.

성경적 평등주의자는 천편일률성과 성별 없는 사회를 옹호하지 **않으며**, 현대 페미니즘의 모든 관심과 관점을 수용하지도 **않는다**. 우리는 성별이나 성격의 차이를 도외시하거나 무시하지 **않는다**. 그 대신 **우리는 우리가 성경적 비전이라고 여기는 것을 요구한다**. 즉, 모든 유형의 리더십, 가르침, 사역에서의 성경적 평등 및 여성과 남성의 완전한 참여를 요구한다. 이것은 현대적 혁신이 아니다. 그것은 성경적이며, 따라서 고대와 미래의 (종말론적) 비전이다.

케빈 자일스는 상호보완주의적 입장은 새로운 것이며, 그 입장의 현재 모습과 주장이 1960년대 이전에는 존재하지 않았다고 주장한다.[71] 자일스는 현대 상호보완주의의 많은 요소가 아주 최근에 새롭게 나온 것임을 보여 준다. 그들이 '역할'에 초점을 둔 것은 최근에 창안된 요소다. 그들이 사도로서 유니아의 사역을 해명하는 방식은 새롭다. 성부/성자와 남성/여성의 관계를 말하기 위해 종속주의자들이 삼위일체를 사용한 것은 전례 없고 낯선 신학적 혁신이다. 상호보완주의적 주해(exegesis)의 유형은 현대의 상호보완주의적 신학과 교회 조직을 뒷받침하기 위해 1960년대 이래로 그 모습을 형성해 왔다. 이러한 유형은 역사적으로 주해와 성경 해석에 대한 계급적 접근법이 아니다. 자일스는 어떻게 현대 상호보완주의자들이 이전 '전통적인' 세대의 가부장적이고 여성혐오적인 언어와 견해를 누그러뜨리기 위해 그들의 언어(그리고 주해)를 수정해 왔는지 보여 준다. 상호보완주의적 입장과 그 주장의 유형은 새로운 것이며, 이러한 이슈를 바라보는 '전통적' 방식이 아니다.

문제는 누가 '전통적인지' '전통적이지 않은지'가 아니다. 문제는 성경에 대해 어떤 해석이 가장 진실하고 믿을 수 있는가 하는 점이다. 한쪽이 '성경적'이고 다른 한쪽은 '성경적이지 않은' 것이 아니다. 사실 양 진영 모두 성경을 충실히 진실하게 읽고 적용하려 한다. 일

---

71 Giles, *What the Bible Actually Teaches on Women*, p. 174.

단 우리가 서로를 인정하고 존중하게 되면, 그 후에 함께 성경을 살펴보고 성경이 여성과 남성에 대해 무슨 말을 하는지 파악해서 생산적인 대화로 나아갈 수 있을 것이다. 우리는 상호 간의 배려, 은혜, 존중, 사랑의 정신으로 이를 행할 수 있다.

사역에서의 평등에 관한 성경의 사례 요약

나는 이 책의 마지막에 **성경적 평등주의 선언**을 제시한다. 그 선언문은 사역에서의 평등에 대한 나의 성경적이고 실질적인 확신을 분명히 밝힌 진술이다. 하지만 여기서는 잠시 멈추고 여성 사역과 리더십에 대해 성경이 말하는 바를 요약하고자 한다.

창세기 1-3장은 여성과 남성의 완전한 존엄과 평등을 제시한다. 이 관계는 죄로 인해 손상된다. 성별 구분의 갈등, 경쟁, 위계 질서가 죄를 통해 들어왔고 이는 하나님이 제시한 이상적인 남녀 관계가 아니었다. 창세기에서 이상적인 모습은 연합, 다름, 공동 청지기 정신(co-stewardship)으로 이루어진 평등한 파트너십이다. 이상적인 창조의 질서는 사랑이 깃든 상호성과 평등의 질서, 곧 하나님과의 친밀함 그리고 여성과 남성 사이의 친밀함을 말한다.

복음서에서 우리는 예수님이 여성을 놀라울 정도로 존중하시는 모습을 본다. 그분은 그들을 자신의 사역에 포함시키셨고, 배우는 자로서 (그리고 내 생각에는 교사가 되려는 자로서) 그들을 환영하셨으며, 그들이 사역에 기여하게 하셨고 그들의 존엄성을 높이셨다. 부활하신 후 예수님은 그 여성들을 '열두 사도의 사도'로 삼으셨다. 이것이 예수님이 여성을 존중하신 방식이다.

여성은 신구약성경 전반에 걸쳐 리더십과 사역의 은사를 발휘했다. 구약성경에서 우리는 미리암, 드보라, 노아댜, 훌다, 룻, 에스더, 사라, 리브가, 라합 등의 예를 본다.

신약성경에는 뵈뵈, 브리스가, 유니아, 요안나, 막달라 마리아, 수산나 등의 이야기가 나온다. 뵈뵈, 브리스가, 유니아는 초대교회에서 여성으로서 두드러지게 리더십을 발휘한 경우다. 바울은 마리아, 드루배나, 드루보사, 버시 등을 포함한 많은 여성 협력자와 루디아, 눔바, 브리스가 및 글로에와 같은 가정 교회 리더에 대해 말한다. **사역에 있어서 사도의 실천**은 가능한 경우 어디서나 **사도의 신학과 일치했다**. "문화적 맥락으로 볼 때, 바울이 세운 초대교회에서 리더의 위치에 있던 여성의 수는 놀라울 정도로 많다.…바울이 세운 모든 초대교회를 고려한다면, 바울이 이름을 언급한 리더의 4분의 1 이상이 여성이며, 그 수는 열두 명이다."[72]

성경은 성별을 폐지하지 않으며, 여성과 남성의 다름을 최소화하지도 않는다. 그러나 갈라디아서 3:28과 같은 구절은 이제 그리스도 안에서 남성과 여성이 하나임을 보여 준다. 여성과 남성은 유대인과 이방인처럼 평등하고 완전하게 화합한다. 예수 그리스도의 가족 안에서 모두가 똑같이 존중받는다. 성별을 구분하고 사랑과 예배

---

72   Giles, *What the Bible Actually Teaches on Women*, p. 98.

와 사역 안에서 여성과 남성이 하나의 몸이 되지 못하게 하는 모든 장벽은 이제 그리스도 안에서 무너졌다. 갈라디아서 3:28은 단지 그리스도 안에서의 '영적인 지위'에 관한 것이 아니다. 종과 이방인뿐 아니라 여성을 위해서도 분명한 교회적 함의를 가진다. 하나님은 인종적·사회문화적·경제적·성별적 차이에 관계없이 **모든** 사람을 자신의 가족으로 맞이하시고 사역을 위해 **모든** 사람에게 자신의 은사를 부어 주신다. 갈라디아서 3:28에는 여성에 대한 분명한 사회적·교회적 함의가 담겨 있다.

앞에서 우리는 남성과 여성에 대해 논의하거나 교회 안에서의 여성의 역할에 대해 토론할 때 격렬한 논쟁거리가 되는 성경 구절 중 바울이 쓴 몇몇 구절을 살펴보았다. 이것은 도전적이고 중요한 구절들이다. 어떤 구절은 다른 구절보다 해석하고 적용하기가 더 쉽다. 모든 구절은 성경적·문학적·역사-문화적·신학적 맥락에서 검토되어야 한다. 그러므로 그 구절들에서 나온 통찰과 지침을 우리의 현대적 맥락에 적용할 때는 신중해야 한다. 우리는 바울이 다루는 그리스-로마 문화에 대해 잘 이해하고, 이교도적이고 가부장적이며 박해가 빈번한 사회 속 가정 규범과 그리스도인의 증언 사이의 관계에 대해 자세히 살펴보아야 한다. 여성을 향해 남편에게 순종하라고 하는 바울의 가르침은 특정한 가부장적 문화의 맥락을 통해 우리에게 다가온다. 바울은 그리스도인 여성이 믿지 않는 남편과 어떻게 관계를 맺어야 하는지에 대해 분명한 관심을 가지고 결혼 생활의 지침을 제시한다. 또 그리스도인을 박해하고 비난하는 이교도 문화로 인해 그리스도인의 결혼과 증언에 어떤 어려움이 따르는지 주목하면서 지침을 내놓는다. 우리는 그가 다루는 이단과 거짓 가르침, 성경 속에 나타난 여성에 대한 전반적인 신학적 궤적과 그들의 존엄, 평등, 공헌도 살펴보아야 한다. 이것이 쉬운 일이 아님은 모두가 동의할 것이다!

바울이 기록한 일부 구절은 눈에 띄게 평등주의적이며 사역에서 모두를 위한 상호성과 자유를 강조한다. 이는 뚜렷한 가부장적 어조를 띠는 다른 구절과 상반된다. 예를 들어, 디모데전서 2:9-15은 "몇몇 색다른 용어와 특이함을 지닌 흔치 않은 구절이다. 따라서 **최종적 확실성은 확보되지 않는다.**" 그러나 나는 디모데전서 2:8-15에서 바울이 (거짓 가르침 및 교회에 대한 그 밖의 내적·외적 위협을 포함한) 특정한 상황 속에서 예배에 대한 가르침을 주는 것이라는 결론에 이르렀다. "나는 여자가 가르치는 것을 허락하지 않습니다"(I do not permit a woman to teach)는 헬라어 원문을 가장 잘 번역한 문장이 아니다. "나는 허락하고 있지 않습니다"(I am not permitting)가 더 나은 번역이며, (여성의 가르침에 대한 영구적이고 보편적인 금지가 아니라) 에베소만의 특별하고 한시적인 문제에 대한 현재적·구체적인 가르침을 제시하는 것이다. 디모데전서 2:9-15은 여성이 가르침이나 목회적 리더십과 같은 사역의 역할을 하는 것을 방해하거나 금지하지 않는다. 이 구절과 그 문화적 역사에 대해 고찰한 바가 이 결론을 뒷받침한다. 또한 성경을 전체적으로 읽고 난 후 성경이 여성에 대해 말하는 바가 이 결론을 뒷받침한다. 게다가 바울은 교회 안에서 분명히 여성에게 리더십과 사역에 대한 권한을 부여하고 자유를 주었다. 따라서 그가 여성이 가르치고 이끄는 것을 보편적으로 금지했을 리가 없다.

필립 페인은 바울의 열두 가지 '신학적 공리'(theological axioms)가 그리스도 안에서 여성과 남성의 평등을 함축한다고 옳게 언급한다. 페인의 신학적 신념은 그의 사역의 실천과 일치한다.

바울과 베드로는 당시 문화에 따라 여성을 향해 남편에게 순종하라고 권고한다. 그러나 그들은 평등한 존엄과 가치 및 상호 순종에 주목하면서 반문화적 용어로 이 순종에 대한 틀을 만든다. 바울과 베드로 둘 다 상호 순종을 강조한다. 더 나아가, 베드로와 바울은 예수님의 길을 따르면서, 정치·종교·경제·문화·성별의 권력을 가진 사람이 타인을 지배해서는 안 되며 권력에 집착해서도 안 된다고 강조한다. 그 대신 그들은 상호 순종과 존중의 정신으로 명예, 존엄, 존경, 사랑을 품고 평등하게 타인을 대해야 한다.

결혼 관계에 관한 이 구절들에는 대개 다섯 가지 강조점이 있다. (1) 경건함과 거룩함을 지키고, (2) 신뢰할 수 있는 그리스도인의 증언을 보장하며, (3) 하나님을 영화롭게 하고, (4) 복음을 존중하고 지키며, (5) 예수 그리스도의 영으로 그분의 길을 따라 상호 순종과 자기희생적 섬김을 실천하는 것이다. 그러므로 우리의 결혼 생활에서 이를 실천하고 누리자. 상호 순종, 배우자 존중, 자기희생적 섬김이 어떤 것인지를 세상에 보여 주는 남편과 아내가 되자. 이를 실천하면 결혼 생활이 풍요롭고 깊어진다. 바울과 베드로가 상호 순종을 강조하니, 우리도 그렇게 해야 한다.

오순절에 성령이 모든 육체 즉, 여성과 남성에게 똑같이 동등하게 임하셨다. 권능을 주시는 하나님의 임재가 여성과 남성에게 동등하게 주어졌다. 성령은 여성에게 권능을 주셔서 이끌고 예언하고 가르칠 수 있게 하신다. 성령이 여성과 남성 모두에게 주신 영적 은사들을 북돋워 주어 활활 불타오르게 해야 한다. 이러한 은사의 기준은 성별이 아니다. 그 기준은 인격, 복음에 대한 헌신, 권능과 용기를 주시는 하나님의 임재에 대한 열린 마음이다. 성령은 여성과 남성이 그들의 사역과 리더십의 은사를 평등하게 여기고 사용할 수 있게 하며, 교회의 덕을 세우고 든든하게 하며, 그리스도와 그분의 복음에 대한 증인이 되도록 한다.

우리는 삼위일체 교리를 남성에 대한 여성의 종속으로 나아가기 위한 비유로 사용할 수 없다. 그러한 시도는 역사적 기독교, (칼뱅을 포함한) 종교개혁자들의 견해와 신학적 방법, 성경적 증언뿐 아니라 단순한 논리와도 맞지 않는다.

성경에는 어떠한 그림이 나타나는가? 가정과 교회에서 모두 평등하게 함께 살고 섬기는 남성과 여성의 그림이다. 여성은 교회에서 자신의 성별이 아니라 은사와 소명에 따라 어떤 직책이든 맡을 수 있고, 어떤 사역이든 행할 수 있다. 여성 사역을 제한하는 듯한 바울의 본문은 보편적인 금지가 아니다. 그것들은 특정한 상황과 맥락에서 나온 세부적인 가르침이다. 성경의 궤적은 여성의 사역적 역할을 확장시키고 가정과 교회에서의 상호성과 평등을 증대시킨다. 정말 그렇게 되기를 바란다.

제3강
성경적 평등에 관한 실천 수용하기

이 마지막 강에서는 성경적 평등의 실천에 관해 소개할 것이다. 평등에 대해 고개를 끄덕이는 것으로는 충분하지 않다. 성경적 평등을 위한 성경의 사례를 단순히 설명하는 것으로는 충분하지 않다. 또 사역에서의 평등에 대해 지적이고 신학적인 동의를 하고 난 후 아무것도 하지 않으면 의미가 없다. 친구 이언 앨트먼(Ian Altman)이 최근에 나에게 말했다. "우리의 교회 전반에 걸친 진짜 이슈 중 하나는 현재 교회의 문화와 제도에서는 여성이 자연스럽게 리더의 자리에 오르지 못한다는 점이다. 즉, 이사회와 목회자와 연구위원회가 앞장서서 여성을 리더의 역할을 하는 데까지 높여 주어야 한다." 그가 전적으로 옳다고 생각한다. 그래서 지금부터는 그리스도의 교회에서 여성이 사역과 리더십에 참여할 수 있도록 격려하고 힘을 실어 주기 위해 우리가 함께 무엇을 할 수 있는지 알아보려고 한다.

성별, 정의, 권력 이슈를 용기 있게 다루기 — 베드로전서 5:1-11

여러분 가운데 있는 하나님의 양 떼를 먹이십시오. 억지로 할 것이 아니라, 하나님의 뜻을 따라 자진하여 하고, 더러운 이익을 탐하여 할 것이 아니라, 기쁜 마음으로 하십시오. 여러분은 여러분이 맡은 사람들을 지배하려고 하지 말고, 양 떼의 모범이 되십시오. 그러면 목자장이 나타나실 때에 변하지 않는 영광의 면류관을 얻을 것입니다. 젊은 이 여러분, 이와 같이 여러분도 나이가 많은 이들에게 복종하십시오. 모두가 서로서로 겸손의 옷을 입으십시오. 하나님께서는 교만한 자를 물리치시고, 겸손한 사람에게 은혜를 베푸십니다. 그러므로 여러분은 하나님의 능력의 손 아래로 자기를 낮추십시오. 때가 되면, 하나님께서 여러분을 높이실 것입니다. (벧전 5:2-6)

이 말씀에서 베드로는 우리가 하나님의 양 떼를 돌보고 섬김과 겸손의 정신으로 사역해야 함을 잘 일깨워 준다. 우리는 그리스도의 고난, 사랑, 자기희생, 겸손을 본받는 자이자 그리스도의 증인으로서 그렇게 해야 한다. 교회에서 성별의 문제를 이야기할 때 우리는 종종 학대, 조작, 착취, 통제, 권력, 불평등, 자만의 문제에 부딪힌다. 이 사악한 정신은 그리스도인의 믿음과 증언을 갉아먹는다. 이것은 리더 개인만의 문제가 아니며 교회 제도와 구조 속에서도 흔히 나타난다. 베드로는 그러한 것들을 치워 버리면서, 안 된다고 말한다. 목자장(Chief Shepherd)을 본받아라. 진심으로 사람들을 돌봐라. 그들을 지켜라. 이것을 기쁘게 흔쾌히 행해라. 부정한 이득과 조작과 권력 행사를 없애라. 권력과 통제에 대한 유혹을 거부해라. 연장자를 공경하고 약한 자들을 보호하고 양육해라. 겸손으로 옷을 입어라. 스스로를 낮춰라. 정신을 차리고 깨어 있어라. 악한 악마와 그의 욕망, 탐욕, 착취, 교만에 대한 유혹에 저항해라. 악마는 집어삼킬 자를 기다리는 사자처럼 두루 다닌다. 악마의 길에 저항하고 믿음 위에 굳게 서라. 목자장의 겸손, 양육, 거룩의 길 가운데 굳게 서라. 예수님께 염려를 맡겨라. 그분을 신뢰해라. 이렇게 사는 것은 어려운 일이다. 경건함, 겸손함, 진실함, 타인을 돌보는 일을 받아들일 때 우리는 분명 고통스러울 것이다. 그러나 은혜의 하나님은 "여러분을 친히 온전하게 하시고, 굳게 세워 주시고, 강하게 하시고, 기초를 튼튼하게 하여 주실 것입니다. 권세가 영원히 하나님께 있기를 빕니다. 아멘"(벧전 5:10b-11).

베드로의 말은 시기적절하다. 우리는 종종 리더의 위치에 있는 사람이 권력을 남용하는 모습을 본다. 훨씬 더 흔하게 그들은 교회 리더의 위치에 있는 남성들이다. 내가 여성 사역에 관한 책을 쓰는 중이라고 몇몇 친구에게 말했을 때, 한 여성 목회자가 개인적으로 연락을 주었다. 그녀는 여성 학대와 권력 남용을 영원히 지속시키는 교회 제도에 대해 언급해 보라고 도전했다. 또 우리가 교회에서 리더의 위치에 있는 여성과 관련된 쟁점을 다룰 때, 개인의 태도, 신념, 신학에만 집중해서는 안 된다는 것을 나에게 일깨워 주었다. '어떻게 우리가 사람들 스스로 마음을 바꾸도록 할 수 있을까?'는 우리가 가장 흔히 듣는 질문이다. 이 질문에 깔린 전제는 올바른 믿음이 목표이고 잘못된 믿음이 문제라는 것이다. 하지만 올바른 믿음은 일반적으로 이슈가 아니다. 권력을 남용하고 여성과 아이를 해치는 부당한 제도가 더 흔한 이슈다. 이러한 제도는 악마의 짓이다. 그것들은 목자장의 사랑, 섬김, 양육, 겸손과 반대된다.

내 여성 목사 친구는 미투 운동(#MeToo Movement)을 비롯해 주목받는 교회들에서 최근 폭로된 추문으로 얻을 수 있는 유익 중 하나는 (평등주의 신학이나 페미니스트 가치와 같은) 신념이 성희롱과 성폭력에서 여성을 보호하기에 충분하지 않음을 분명히 밝힌 것이라고 말했다.

이러한 추문은 우리가 교회에서 일상적으로 경험하는 일이 훨씬 더 극적으로 표현된 것이다. 우리는 사람들의 행동이 그들의 신학적 입장과 일치하지 않음을 본다. 특히, 열렬히 평등주의를 외치는 남성은 그들이 지지한다고 주장하는 여성을 해치고 배척하는 성차별적인 말과 행동을 한다. 흔히 그들은 자신들이 무슨 일을 하는지 알지 못한다. 그들은 심지어 문제를 인식하지도 못하는데, 만약 그들이 인식할 수 있다면 충격을 받을 것이다. 물론 상호보완주의 목회자와 교회 제도 또한 여성에게 열등감, 무력감, 착취당한다는 느낌을 줄 수 있다.

평등주의적이고 상호보완주의적인 입장을 가진 교회 리더들이 항상 나쁘고, 어리석고, 위선적이고, 둔감한 사람들이기 때문에 이런 일이 일어날까? 물론 그렇지 않다. 나의 친구는 진짜 문제가 남성이 때때로 말한 바와 다른 행동을 하는 것이 아님을 일깨워 주었다. 진짜 문제는 우리가 개인에게 초점을 맞춘다는 것이다. 우리가 성별에 관한 개인적 편견에 더 초점을 맞출수록, 우리는 더 많은 신학적 교육, 더 많은 성별 인식, 더 많은 훈련과 토론이 해결책이라고 결론지을 것이다. 오히려 남성들은 이러한 교육과 인식과 훈련과 토론에서 그들을 그릇된 방향으로 이끄는 수많은 방법을 듣게 되는데도 말이다. 때때로 이들 남성 리더들은 듣고 재교육을 받아야 한다. 그들은 항상 멈춰서 귀 기울이고 배워야 한다. 하지만 개인에게만 초점을 맞춰서는 교회 내의 성적 불평등과 성적 학대 문제를 해결하지 못한다. 당연히 권력, 지위, 통제를 남용하는 제도와 구조의 문제도 해결하지 못한다.

우리는 교회에서 여성이 리더십에서 배제되는 것이 흔히 성별에 기초한 지배와 관련되어 있다는 점을 잊곤 한다. 그것은 보통 (신학이 아니라) 가부장적 권력과 관련되어 있다. 가부장제는 전적으로 교회 및 더 넓은 문화에서 남성의 제도적 우위를 유지하는 데 쓰이기 때문에, 교회 안의 남성은 교회를 현재 그대로 유지하는 데 헌신적이다.

이때 예상 가능한 반응은 "모든 남성이 그런 것은 아닙니다!"이다. 이에 우리는 "모든 남성과 모든 여성이 그렇습니다!"라고 논쟁적으로 대응할 수 있을 것이다.

가부장적 권력-통제 제도는 우리 **모두가** 사회화되어 있는 시스템이다. 이러한 학대를 유발하는 불공정한 교회 제도는 영구히 계속되는 과제이며, 매일 직장, 가정, 교회에서 남성과 여성의 실천을 통해 생성되고 또 재생된다. 우리는 모두 지속되는 가부장제에 영향을 받고 또 그와 연관되어 있다. 교회와 조직의 체계 및 구조가 부당하게 어떤 이에게는 (자신들에게 유리하도록) 권력과 통제력을 주고 다른 이에게는 (그들의 침묵, 착취, 막막함, 손실을 초래하면서) 아무것도 갖지 못하게 할 때, 우리 모두는 이에 영향을 받고 또 이와 연관된다.

하지만 최근 교회와 사회에서 나타나는 성적 학대의 정도를 고려해 볼 때(그리고 얼마나 자주 남성 교회 리더들이 여성과 아이를 학대했는지를 고려해 볼 때), 나는 잠시 남성들에게 구체적으로 말하고 싶다. 성폭력이 만연해 있는 이유는 종종 우리 남성들이 너무 많이 가담하기 때문이다. 우리가 성희롱에 대해 침묵할 때, 우리는 가담하는 것이다. 우리가 일상적인 성차별과 성적인 농담을 모르는 체할 때, 우리는 가담하는 것이다. 다른 남성이 여성과 소녀를 무례하게 대하며 무시하도록 놔둘 때, 우리는 가담하는 것이다. 우리가 여성을 침묵하게 하고 의사 결정과 리더십의 역할에서 배제하는 권력 구조를 비호할 때, 우리는 가담하는 것이다. 우리가 여성과 그들의 목소리, 공헌, 이야기를 배제한 채 '소년 클럽'(boy's clubs; 남성 주도의 조직을 의미한다 — 옮긴이)이 잘되도록 내버려두면, 우리는 가담하는 것이다. 우리 주변의 남성이 소녀와 여성에게 성적 압박을 가하는 것을 알면서도 아무 말도 하지 않을 때, 우리는 가담하는 것이다. 남성이 그들의 권력과 지위를 이용하여 여성에게 자신의 의지에 반하는 성적 또는 다른 육체적 관계와 상황을 강요하는 모습을 보고서도 우리가 아무것도 하지 않기로 했을 때, 우리는 가담하는 것이다. 우리가 폭력을 정당화하고 여성과 소녀가 남성과 소년의 행동을 참고 사는 법을 배워야 한다는 생각을 받아들이거나 제안할 때, 우리는 가담하는 것이다. 우리가 피해자를 비난하고 가해자의 책임을 면제해 줄 때, 우리는 가담하는 것이다.

남성들과 소년들은 유해한 형태의 남성다움이나 남성성에 대한 생각을 거부하고, 겸손, 사랑, 진실성, 상호성, 존중, 투명성, 존경이라는 새로운 방식을 받아들여야 한다. 우리 중 예수 그리스도를 따르는 사람들은 이것을 제자도(discipleship)라고 부른다.

남성들이여, 우리는 책임을 져야 한다. 우리는 서로에게 책임을 져야 한다. 우리는 함께 여성을 존엄, 배려, 존중, 존경으로 대하고, 그렇게 대할 수 있도록 서로에게 책임을 져야 한다. 우리는 여성을 존중하지 않는 다른 남성과 맞서고, 성폭력을 가능하게 하는 구조, 제도, 사상, 가치관, 성별이 구분된 역할에 도전해야 한다. 우리는 여성과 소녀가 폭력을 당할 수 있게 하는 권력 구조(그리고 성과 성별에 대한 유해한 시각)를 비호하기를 거부해야 한다.

남성이 모든 권력을 쥐는 구조, 제도, 관계, 세계관을 우리가 옹호할 때, 그래서 그들의 욕망에 여성과 소녀가 종속될 수밖에 없을 때, 우리는 가담하는 것이다.

최근 교회 내 가정폭력의 심각성이 알려진 후에 나는 그리스도인 여성들에게 공개적으로 사과했다.

많은 그리스도인 남성이 믿음의 이름으로 여성을 대하는 방식을 사과합니다.

이러한 남성들이 성경과 믿음을 왜곡하고, 이를 여성과 가족에게 상처를 주고 통제하기 위한 명분으로 삼아 온 방식을 사과합니다.

많은 그리스도인 리더가 이 폭력의 근원에 있는 행동과 생각에 맞서지 않은 것을 사과합니다.

우리 중 많은 이가 우리 가운데 있는 가정폭력을 눈감아 주거나, 누군가가 그것을 확인하려 할 때 그러한 폭력(그리고 그 고통에 대한 우리 자신의 책임)에 대해 변명하려고 한 것을 사과합니다.

우리 중 많은 사람이 자기 행동을 해명하려 하고, 방어적 태도를 취하며, 변명해 온 것을 사과합니다.

우리 그리스도인 리더들이 때때로 여러분의 고통과 수치심을 더 악화시키는 방식으로 행동한 것에 대해 유감을 표하며 사과합니다.

여러분이 여성으로서 경험한 바를 자주 듣지 못한 것을 사과합니다.

행동이 뒤따르지 않으면 사과는 소용이 없다는 것을 압니다.

여성과 아이에게 관심을 갖고 그들의 경험에 귀를 기울이며, 이들의 안전과 권리와 가치를 지키고, 교회와 다른 남성들도 이와 같이 행하도록 요구하는 일에 할 수 있는 한 최선을 다하겠습니다.[1]

사도 베드로는 교회와 그 리더들에게 하나의 다른 길을 촉구한다. 곧 회개, 양육, 은혜, 정직, 섬김, 자기희생, 사랑, 겸손의 길이다. 이 길은 악마와 그의 고압적이고 가부장적이며 학대를 유발하는 제도를 만들려는 시도에 우리가 도전하고 저항해야 한다고 말하는 또 다른 방법이다. 우리는 함께 이것이 어떻게 효과를 나타내는지 탐구해야 한다.

그리스도인 리더와 회중은 여성 그리고 소수자가 되고 침묵을

---

1 Hill, "Apology to Victims of Domestic Violence in the Church."

강요당한 사람들의 말을 들어야 한다. 그들은 우리에게 이러한 제도와 구조에 대한 훌륭한 통찰을 준다. 우리는 함께 어떻게 이러한 부당하고 학대를 유발하며 가부장적인 제도와 구조를 해체하고 원상태로 되돌릴 수 있는지, 즉 제도로서의 가부장제를 약화시키고 붕괴시키는 (그리고 바라건대 원상태로 되돌리는) 것에 대해 탐구할 수 있다.

이것은 올바른 믿음과 신학을 통해 이런 문제들을 해결한다는 내러티브에 도전하는 것을 의미한다. 성경적 믿음과 신학은 꼭 필요하고 중요하다. 지금까지 그것을 알아보았다. 그러나 권력과 지배권에 저항하고 맞서는 것은 우리의 실천과 행동을 통해서다.

우리는 진정한 변화를 위해 용기와 불굴의 정신으로 행동할 수 있는가? 양 떼를 보호하는 것이 행동하는 것이다. 사람들의 안녕과 양육과 번영을 추구하는 것이 행동하는 것이다. 악마에게 저항하는 것이 행동하는 것이다. 불의와 악을 비판하는 것이 행동하는 것이다. 견고히 서는 것이 행동하는 것이다. 맑은 정신으로 깨어 있는 것이 행동하는 것이다. 겸손으로 옷을 입는 것이 행동하는 것이다. 베드로의 말과 목자장의 본보기를 보면 우리에게 다른 선택의 여지는 없다.

사역을 계급이 아닌 섬김으로 바라보기 — 마태복음 20:25-28

예수께서는 그들을 곁에 불러 놓고 말씀하셨다. "너희가 아는 대로, 이방 민족들의 통치자들은 백성을 마구 내리누르고, 고관들은 백성에게 세도를 부린다. 그러나 너희끼리는 그렇게 해서는 안 된다. 너희 가운데서 위대하게 되고자 하는 사람은 누구든지 너희를 섬기는 사람이 되어야 하고, 너희 가운데서 으뜸이 되고자 하는 사람은 너희의 종이 되어야 한다. 인자는 섬김을 받으러 온 것이 아니라 섬기러 왔으며, 많은 사람을 위하여 자기 목숨을 몸값으로 치러 주려고 왔다.

(마 20:25-28)

몇몇 교회 및 교회 지배 구조의 형태는 교회와 사역에 대해 계급적 시각을 갖기 때문에 남성과 여성 사이의 계급적 관계를 유지하는 데 헌신적이다. 그러나 기독교 사역은 사랑과 섬김에 관한 것이지, 권력과 계급에 관한 것이 **아니다**. 예수님은 "백성에게 세도를 부[리는]" 리더십을 거부하라고 요청하신다. 예수님은 자신의 제자들에게 이 점을 아주 분명히 하셨다. 예수님은 성육신으로 이와 같은 겸손, 섬김, 자기희생, 하나님에 대한 순종의 모범을 보이셨다(빌 2:1-8). 예수 그리스도와 같은 마음을 가지라. 예수님처럼 살고 섬기라. 하나님을 기쁘시게 하고 영화롭게 하는 사역은 겸손과 섬김의 영으로 타인의 유익과 안녕을 위해 온전히 우리 자신을 바치는 사역이다.

가정과 교회에서 남성과 여성의 관계만큼 이러한 헌신을 실천하기에 좋은 영역은 없다.

예수님은 남성과 여성을 복음 안에서 동역자요, 하나님의 공동 상속인이자 그리스도와 함께 합동 상속인으로서, **서로를 섬기고 함께 섬기도록** 부르신다(롬 8:17).

계급을 나누고 지배하려 드는 리더십은 성경적이지 않다.[2] 그것은 교회를 오염시키고 타락시키고 약화시킨다. 그것은 그리스도와 동떨어진 것이다. 또 그것은 교회의 예배와 사역 그리고 교제와 증언의 수준을 떨어뜨린다. 독재적이고 자아 주도적인 리더십은 결코 하나님께 영광을 돌리지 못한다.

나는 나의 다른 책에서 **서번트십**(servantship)을 설명했다. 이것은 서번트 리더십(servant leadership)보다 내가 더 좋아하는 용어다. **서번트십**은 예수 그리스도를 모방하는 것이다. 이것은 사랑과 섬김을 통한 모방이다. **서번트십**은 **리더십**이나 **서번트 리더십**의 개념을 완전히 무시하지는 않지만, 이러한 개념을 평가하고 재구성한다. 이것은 권력과 권위와 영향력에 대한 개념을 검토하고 재설정한다.[3] **서번트십**은 성경에 해박하고 실용적인 리더십 신학을 구축한다. 이 신학은 교회, 종 됨(servanthood), 제자도, 예수님, 선교에 대한 이해와 관련된다.

대럴 잭슨(Darrell Jackson)은 예수님이 하나님 나라에서의 지위를 종의 섬김으로 재설정하신다고 했다. 그의 말은 옳다.[4] 그러한 섬김은 "사회적 지위와 개인적 자유의 상실을 동반하며, 종의 섬김을 드리는 분께 전적으로 의존하는 것을 특징으로 한다."[5] **서번트십**은 예수 그리스도의 영을 반영한다. 이것은 특히 **서번트십**이 빌립보서

---

2   나는 나의 책 *Globalchurch*의 서번트 리더십에 관한 부분에서 이에 관한 몇몇 생각들을 처음 밝혔다. *Globalchurch*, pp. 353-362.
3   *Servant Leadership: Jesus and Paul*에서 푸에르토리코계 미국인 신학자 에프레인 아고스토(Efrain Agosto)의 서번트 리더십에 대한 탁월한 논의를 살펴보라.
4   Jackson, "For the Son of Man Did Not Come to Lead, But to Be Led", p. 28.
5   Jackson, "For the Son of Man Did Not Come to Lead, But to Be Led", p. 28.

2:1-11 및 다른 성경 본문에 나타난 종 됨의 특성을 증명할 때 그렇다. 우리가 기독교 서번트십을 실천할 때 종 됨의 상징, 즉 예수님의 종의 사명과 사역이 중심이 된다. 그럴 때만 예수 중심적이고 외부 지향적인 기독교 **서번트십**이 될 것이다.

빌립보서 2:7에는 예수님이 '자기를 아무것도 아닌 것이 되게 하셨다'고 나온다. 그는 "자기를 비[우셨다]." 진정한 그리스도인의 섬김은 이기적인 야망과 자존심과 자기중심성으로부터 벗어나는 움직임이다. 그것은 계급 질서와 가부장제 및 통제로부터 벗어나는 움직임이다. 그러한 섬김은 예수 그리스도와의 똑같은 자세를 **향한** 움직임이다. 그것은 자존심, 지위, 타인에 대한 통제로 이루어진 자기 자신을 비우는 것이다. 그것은 섬기는 자가 되는 것이다. 그것은 스스로를 겸손하게 만드는 것이다. 자기를 비운 제자도는 하나님의 사랑과 의지와 사명에 대한 순종이다. "**서번트십**의 궁극적인 특징은 사랑의 리더십이다. 나는 사람들을 섬기면서 그들을 사랑하지 않을 수 있다. 하지만 나는 사람들을 사랑하면서 그들을 섬기지 않을 수는 없다. 성육신의 핵심은 사랑이었다."[6]

우리는 사랑을 통해서 **서번트십**을 실천하고 나타낸다. 그것은 성육신과 십자가에서 증명된 사랑의 종류임에 틀림없다. **서번트십**은 추상적이거나 이상주의적인 사랑이 아니다. 그것은 실체가 있고

---

6 Helland, "Nothing Leadership: The Locus of Missional Servantship", p. 36. 헬런드는 기독교 리더십을 설명하기 위해 '하향적인 선교적 리더십'(downward missional leadership)과 '무의 리더십'(nothing leadership)이란 용어를 만들었다.

구체적이며 실재하는 사랑이다. 엘리자베스 피터슨(Elizabeth Petersen)은 우리가 십자가의 신학을 실천해야 한다고 말한다. 우리는 가난하고, 부서지고, 소외되고, 침묵을 강요당하고, 억압받는 사람들을 섬김으로써 이를 행한다. 그래야만 우리는 예수님이 사랑하신 것같이 우리도 사랑한다고 말할 수 있다. "하나님은 **깨어진 자들 가운데** 임재하고 활동하신다."[7] 하지만 그러한 사랑의 섬김은 대가가 크다. 비통함과 고통과 손해 없이는 사랑의 섬김을 실천할 수 없다. 그러나 우리의 영원한 기쁨이 더 크다.

왜 그리스도인 리더들은 비성경적, 이기적 내지 통제적인 리더십 모델을 수용하는가? 왜 그들은 계급 질서와 성차별로 관계가 규정되도록 허용하는가?

그 이유는 때때로 그들의 자존심 때문이다. 때때로 신학을 실용성과 맞바꾸었기 때문이다. 그래서 종종 우리는 가부장적인 명령-통제 제도와 구조 속에서 헤어 나오지 못한다.

서번트십은 성경에 근거하는 자기반성적 신학을 요구한다. 이것은 신학적 사고와 관계의 연결이라는 환경에서 성장한다. 이것은 섬김과 겸손과 사랑을 향한 그리스도의 부르심을 포함하여 하나님의 사람들이 성경을 진지하게 받아들이는 곳에서 번성한다. 이러한 신학적 상상력은 신학교에만 국한되지 않는다. 신학적 상상력은 살아 있는 대화에서 온전히 발현된다. 이 대화에는 학자, 리더, 교회,

---

[7] Petersen and Swart, "Via the Broken Ones", p. 20. 저자 강조.

복음 이야기, 전통, 신학, 문화가 포함되어야 한다. 이것은 소망, 경험 및 관계적이고 성경적인 통찰을 가지고 생명력 있는 상호 교환에 참여하는 여성과 남성을 공평하게 포함해야 한다. 이러한 기독교적 사회적 상상력은 구체적인 지역적 상황 및 교회의 필요와 도전을 받아들여 여성과 남성이 대화하는 가운데 온전히 발현할 수 있다.

우리는 어떻게 **서번트십**으로 나아가는가? 우리 자신이 아니라 그리스도를 영화롭게 하기를 진정으로 원함으로써다. 그분을 높이고 우리 자신을 비움으로써다. 자기 추구와 자기 섬김 및 지배하려 드는 형태의 리더십을 거부함으로써다. 예수 그리스도가 보여 주신 종 됨을 받아들임으로써다. 신학적으로 성경을 되돌아봄으로써다. 빌립보서 2장과 같은 구절과 사복음서를 묵상함으로써다. 우리의 성경적 견해와 신념을 실천에 옮김으로써다. 우리가 남성을 존중하듯 여성과 아이를 존중하고, 그들의 은사와 관점과 경험과 공헌을 확장시키고 가치 있게 여김으로써다.

예수님은 스스로를 섬기는 자로 묘사하셨다. 사도 바울도 그랬다. 반복적으로 성경은 우리에게 예수님과 그분의 교회와 그분의 세상을 섬기라고 명령한다. 예수님은 우리를 통제에서 섬김으로, 경쟁에서 사랑으로, 결핍된 사고방식에서 관대한 정신으로, 자존심에서 겸손으로, 야망에서 자기 부정으로, 주도하는 것에서 섬기는 것으로, 자아의 힘에서 상호 의존적 힘으로, 힘 있는 자와의 일체감에서 **서번트십**으로 이끄신다. "너희 가운데서 누구든지, 위대하게 되고자 하는 사람은 너희를 섬기는 사람이 되어야 하고, 너희 가운데서 누구든지, 으뜸이 되고자 하는 사람은 모든 사람의 종이 되어야 한다. 인자는 섬김을 받으러 온 것이 아니라 섬기러 왔으며, 많은 사람을 위하여 자기 목숨을 대속물로 내주러 왔다"(막 10:43-45; 마 20:26-28).

대럴 잭슨은 성경의 자료를 검토해 본 후에 다음과 같이 설득력 있는 결론을 내렸다.

> 예수님은 하나님 나라 안에서의 위대함과 지위의 개념을 섬김과 겸손의 특징과 관련하여 재정의함으로써, 통치와 리더십의 혁명을 시작하신다. 이것은 교회와 기독교 단체를 이끄는 사람들에게 꼭 필요한 통찰이다.…중앙 본부와 이사회실과는 거리가 먼, 이 세상의 "쓰레기처럼 [된]" 자들(고전 4:13)은, 대개 멸시와 희생과 고통이 따르지만 엄청난 규모의 혁명을 일으킬 수 있는 섬김과 겸손의 사역을 행한다. 그것이 죽음의 세력이 이기지 못할 왕국(마 16:18)에서 왕을 섬기는 부르심이기 때문이다.[8]

이러한 성경적 **서번트십**은 혁명적이다. 통치와 지위와 리더십을 재정의한다. 우리 주 예수 그리스도를 영화롭게 한다. 가난, 눈물, 겸손, 의로움, 자비, 순결, 화평, 고난, 원수에 대한 사랑, 모든 이의 섬김을 통해 **서번트십**은 '너희 가운데 있는 하나님의 나라'(마 5-7장)를 증언한다. 세상을 치유하고 변화시키고 구원하시는 예수님의 사

---

8 Jackson, "For the Son of Man Did Not Come to Lead, But to Be Led", pp. 30-31.

명에 동참한다.

예수님은 여성과 남성에게 그분의 메시아적 사명과 사역에 동등하게 동참하도록 부르신다. 그분은 자신의 영을 모든 육체에 부어 주셨다. 하나님의 권능을 주시는 임재는 남성과 여성이 평등한 존재로서, 서로를 섬기고 함께 섬길 수 있도록 해 준다.

그리스도인 리더의 위치에 있는 이들 중 섬김을 편안하게 여기는 사람은 거의 없다. 우리는 '종'이 아니라 '리더'가 되기를 원한다. 그래서 우리는 '서번트-리더십'(servant-leadership)과 같이 붙임표로 연결된 용어를 사용하여 종 됨에 대한 급진적인 요구를 완화하려 한다. 그런 방식으로 우리는 여전히 종 됨에 대해 말하면서도 리더의 자세를 취할 수 있다. 우리는 섬김에 대해 열정적으로 말하면서도, 리더가 된 스스로에 대해 자부심을 가질 수 있다. 우리는 **서번트십**의 혁명적 관점과 요구를 피할 수 있다. 랜스 포드(Lance Ford)는 이렇게 말한다. "지난 40년 동안 서번트 리더십에 대한 발상이 교회 리더십의 논의 가운데로 들어왔다. 그러나 리더들은 독립된 용어로서 '서번트십'의 개념은 받아들일 수 없었다. '리더십'이 그 등식에 추가되어야 했던 것이다. 종이 되는 것은 예수님이 우리에게 촉구하신 리더십의 형태이며, 리더십의 정신은 하나의 자세가 아니라 결과다."[9]

하나님은 남성과 여성을, 함께 그리고 평등한 존재로서, 희생, 겸손, 섬김, 대가 없는 사랑이라는 삶의 방식으로 부르신다. 함께, 우

---

9 Ford, *Unleader*, pp. 85-86.

리는 계급 질서, 가부장제, 권력, 통제를 거부한다. 그 대신 우리는 성령의 권능의 은혜, 깊은 관계, 진정한 겸손을 추구한다.[10] 우리는 함께 사역하고 섬기는 삶의 방식에서 우리의 **서번트십** 신학을 드러낸다.

여성과 남성으로서 우리는 평등하고 상호적인 파트너십을 통해 함께 섬기고 이끌기 위해 노력한다. 이러한 방식으로 우리는 서로의 사역을 풍요롭게 한다. 우리는 함께 섬기는 자들이다. 우리는 서로를, 우리 주 예수님을, 그분의 교회와 그분의 세상을 섬긴다. 우리는 성경적 평등과 상호 순종에 대한 공동의 헌신을 통해 이를 행한다.

유니아의 자매들에게 용기를 돋우어 주기 — 로마서 16:7

나의 친척이며 한때 나와 함께 갇혔던 안드로니고와 유니아에게 문안하여 주십시오. 그들은 사도들에게 좋은 평을 받고 있고, 나보다 먼저 그리스도를 믿은 사람들입니다. (롬 16:7)

유니아는 여성이었음이 분명하다(그렇지 않다고 주장하려는 빈약하고, 가부장적이며, 해로운 시도들에도 불구하고 말이다). 본문상의 증거와 교부학적 증거가 차고 넘친다. 유니아는 거의 확실히 원사도들(the original Twelve)과 함께한 사도들(바울, 바나바, 실라, 아볼로, 디모데, 에바브로디도,

---

10 Petersen and Swart, "Via the Broken Ones", p. 26.

안드로니고, 유니아) 가운데 있었다.

이러한 **사도들**(*apostolos*, 아포스톨로스)은 '보냄받은 자들'이었다. 그들은 교회를 개척하고 복음을 널리 전파한 교회 개척자이자 선교사였다. 안드로니고와 유니아는 '사도들 중에 뛰어난'(outstanding among the apostles) 사람이라고 언급된다(롬 16:7). 어떤 이들은 이것이 그들이 사도들'에게 잘 알려진' 또는 사도들 '중에 눈에 띄는' 의미라고 주장한다. 그러나 헬라어 단어 '엔'(ἐν)은 보통 '…에게'(to)가 아닌 '…중에'(among)로 번역된다. 그러므로 이 본문을 "사도들 중에"(among the apostles)라고 번역하지 않는 유일한 이유는 여성이 사도라는 것에 문제의식을 가진 경우뿐이다. 여러 교부, 종교개혁자, 다른 고대 성서학자들은 유니아가 사도였음이 틀림없다고 인정한다. 현대 성서학자 중 압도적 다수가 이 구절이 안드로니고와 유니아를 사도로서 언급한다는 데 동의한다. 함께, 그들은 그들의 사역에 대해 뛰어난 평판을 받았다.

수많은 세대에 걸친 선구적인 선교와 교회 개척에 있어서 그리스도인 여성들이 유니아의 발자취를 따랐다. 일부 추정치에 따르면, 세계 선교사의 3분의 2 이상이 여성이다. 만약 여러분이 여성 선교사들(특별히 교회를 개척하여 이끄는 이들)과 시간을 보낸다면, 여러분은 곧 그들이 가르치고, 설교하고, 이끌고, 전도하고, 개척하고, 자주 사회적 정의와 행동의 사역에 관여하는 모습을 보게 될 것이다. 그들은 자주 이끌고 가르치고 개척하는 기회를 갖는데, 이런 활동은 본국에서는 그들에게 인정되지 않는 것이다. 이와 마찬가지로, 우리는 서구에서 여성이 교회와 운동(movements)을 개척하고 선도하면서 확립된 가부장적 규제와 구조에서 벗어나는 모습을 점점 더 많이 목격한다. 나는 신학교나 신학대학을 졸업하고, 자신의 주변을 둘러보고 기성 교회에서 기회를 찾지 못해서, 과감히 나아가 교회, 운동 또는 단체를 개척하는 여성을 헤아릴 수 없이 많이 봐 왔다. 다른 여성은 남성 지배적인 기성 교회에서 약간의 경험을 쌓고, 믿음의 도약을 이루어 성공적으로 교회와 운동을 개척한다. 내가 아는 가장 용기 있고 유능하고 혁신적인 개척자 중 일부는 그리스도인 여성이다. 드물게 한두 가지 남성의 예외가 있긴 하지만, 내가 들어 본 최고의 설교자는 여성이었다. 유니아의 자매들(Junia's sisters)이 지역 교회와 전 세계 교회를 이끌며 확장해 간다.

우리가 유니아의 자매들을 인정하고, 존중하고, 그들에게 자원을 제공하고, 용기를 더 돋우어 주었을 때 교회의 사명과 공적인 증언이 얼마나 강화될지 상상해 보라! 우리가 세상에서 복음과 하나님의 통치를 증진시킬 교회의 절반 이상을 더 준비시키고 자유롭게 해 주기 위한 비전을 포착했다고 상상해 보라. 이렇게 되면 교회는 더욱 신뢰를 얻고 우리의 사명과 증언의 효과는 더욱더 커질 것이다. 여성은 선교와 사역에서 장애물에 직면한다. 그러나 이 모든 것에도 불구하고 예수님과 그분의 복음을 향한 열정 때문에, 그들은 전 세계에 걸쳐 모든 시대와 문화에서 하나님의 선교를 진전시켜 왔다. 이제는 우리가 유니아의 자매들을 존중하고 힘을 북돋워 주어야 할 때다.

유니아와 안드로니고는 함께 선구적인 사도로 섬겼다. 브리스가와 아굴라의 공동 선교와 가정 교회 리더십 사역도 기억해 보자. 두 부부는 서로에게 헌신했고, 복음의 전파와 교회의 성장에 함께 헌신했다. 그들이 믿음, 선교, 개척에 접근한 방식은 상호적이고 공통적이었으며 우리가 본 바와 같이 평등했다. 물론 그들은 결혼했지만, 공동 사도, 공동 리더, 동역자로서도 함께 섬겼다. 우리는 함께 공유하는 그들의 사역 정신을 칭송하고 존중하고 배워야 한다. 유니아와 안드로니고의 예를 보자. **함께** 그들은 사도들 가운데 뛰어났다. 함께 그들은 오늘날 사역하는 남성과 여성을 위한 모범과 본보기가 된다. 그들은 선교와 사역에 있어서 상호성과 평등의 정신으로 여성과 남성이 함께(결혼했든 그렇지 않든) 섬길 때, 복음이 어떻게 전파될 수 있는지, 그리고 예수 그리스도의 교회가 어떻게 성장할 수 있는지를 우리에게 보여 준다.

이제는 유니아의 자매들에게 용기를 돋우어 주고 안드로니고의 형제들을 지지하며, 그들이 평등한 파트너이자 개척자로서 함께 섬길 수 있도록 힘을 실어 줄 때가 되었다. 여성과 남성은 함께 교회에 활력을 불어넣고 세상을 새롭게 할 수 있다.

여성의 목소리를 높여 주고 은사를 존중하기

어떻게 하면 우리는 여성의 목소리를 높여 주고 은사를 존중하며, 교회에서 더 많은 여성 리더들에게 힘을 실어 주고 그들을 자유롭게 할 수 있을까?

여성 사역의 성경적 사례를 들기 전에, 여성 리더십을 지지하는 것에 관한 조유진(Eugene Cho)의 다음과 같은 말을 들어 보자.

생애 동안 제도적 구조의 정체를 폭로하신 예수님의 혁명적 추종자들로서 우리는 일하고, 살고, 사역하고, 쓰고, 말하고, 창조하면서 어떻게 그 목적을 향해 나아가는지를 질문해야 한다. 권력과 목소리와 영향력은 쉽게 추구되고 얻어질 수 있는 것이 아니다. 바로 그 권력과 목소리와 영향력을 가진 사람들로부터 분배되고 공유되어야 한다. 그것은 매우 반문화적이기 때문에, 우리는 그만큼 더 의지를 발휘해야 한다. 남성으로서, 나는 때때로 우리가 직접적, 간접적, 또는 조직적으로 우리의 자매들을 억압하는 방식에 놀란다.[11]

여성은 교회와 사회의 많은 영역에서 리더십에 제약을 받는다. 그들의 리더십에 대한 신뢰성과 자격은, 남성은 경험하지 않는 방식으로 끊임없이 도전받는다.

최근 한 여성 그리스도인 친구가 나에게 페이스북 최고운영책임자(COO)인 셰릴 샌드버그(Sheryl Sandberg)의 TED 강연을 보았는지 물었다. "왜 여성 리더는 소수인가"에 대한 영향력 있는 강연으로, 조회 수가 거의 900만 번에 달한다.[12]

셰릴 샌드버그는 몇 가지 관련 통계를 강조하면서 이야기를 시

---

11 Cho, "Supporting Women in All Levels of Church Leadership."
12 Sandberg, "Why We Have Too Few Women Leaders."

작한다. 그녀는 "여성이 세계 모든 곳의 모든 직업에서 정상에 오르지 못한다"는 것을 보여 준다. 여성은 여전히 교회와 사회에서 최상위의 역할에서 배제된다. 셰릴은 강연에서 다음 통계의 일부를 공유했는데, 나는 그 논점에 교회와 관련된 몇 가지 자료를 추가했다.

- 190명의 국가원수 중 오직 9명만이 여성이다.
- 세계적으로, 국회의원의 13퍼센트만이 여성이다.
- 글로벌 기업 총수의 약 15퍼센트가 여성이다[포춘 500(Fortune 500)]. 이 비율은 감소 추세에 있고 2017년에는 단지 5퍼센트에 불과했다.
- 비영리단체 리더 중 단지 20퍼센트만이 여성이다.
- 여성은 개인적 삶, 가족 생활, 직업 영역을 조절하는 데 있어 남성보다 선택의 폭이 훨씬 더 좁다. 기혼 남성 고위 관리자 중 3분의 2가 자녀가 있는 반면 기혼 여성 고위 관리자 중 3분의 1만이 자녀가 있다.
- 상황이 서서히 나아지고는 있지만, 미국 개신교에서 담임 혹은 전임 목사 가운데 10퍼센트만이 여성이다.[13]
- 남성 담임 목사는 동년배 여성 담임 목사보다 27퍼센트 더 많은 보수와 수당을 받는다.
- 퓨 리서치(Pew Research)는 "여성에게 안수를 주고, 그들이 최

---

13 이곳의 통계 수치를 보라. https://www.christianitytoday.com/women-leaders/2015/october/state-of-female-pastors.html.

고 리더의 자리에 오를 수 있도록 허용하는 미국의 아홉 개 주요 종교 단체"를 조사했다. "이 단체들 중 네 곳은 여성이 최고 리더의 자리에 있었다. 지금까지 이 네 곳에서 최고의 자리에 있었던 여성은 각각 한 명씩뿐이었다." 현재 미국에 있는 아홉 개의 주요 종교 단체 중 두 곳만 여성이 이끌고 있다.[14]

이 문제를 쉽게 해결할 방법은 없다. 우리가 언급하는 문제는 여러 세대에 걸쳐 커져 온 것이며 가부장제 안에서 고착된 것이기 때문이다. 하지만 우리는 올바른 방향으로 나아가는 데 도움이 될 몇 가지 변화를 이끌어 낼 수 있다.

변화는 우리에게 문제가 있음을 인식하는 데서 시작한다. 그런 다음 우리는 몇 가지 어려운 질문을 스스로에게 던지고, 그 대답을 준비해야 하며, 기꺼이 변화해야 한다.

우리 자신에게, 우리 가운데 일하는 여성에게, 우리의 딸들에게 우리가 전하는 메시지는 무엇인가? 그들의 발전과 공헌을 막는 장벽들 중 우리가 세운 것은 무엇인가? 어떻게 우리는 진정으로 여성의 목소리를 높이고 그들의 은사를 존중할 수 있을까? 어떻게 하면 우리는 여성 친구를 발견함으로써, 여성의 말을 들음으로써, '평범한' 여성을 존중함으로써, 우리의 믿음과 실천을 검증함으로써, 상호 간의 멘토링을 수용함으로써, 여성과 함께 기도함으로써, 여성 강연자,

---

14 이곳의 데이터를 보라. http://www.pewresearch.org/fact-tank/2016/03/02/women-relatively-rare-in-top-positions-of-religious-leadership/.

이사, 학자, 상위 리더가 어떤 인물인지를 알아보고 진급시킴으로써, 여성이 '테이블에 앉도록' 할 수 있을까?

고든 피는 이렇게 썼다. "'공식적' 리더십과 사역을 신앙 공동체의 절반만 담당하도록 허용하는 것은 교회에 대한, 그리고 교회가 성령을 이해하는 것에 대한 안타까운 해석이다. 신약성경의 증거는 성령이 남성과 여성 모두에게 은사를 주고, 그로 인해 잠재적으로 몸 전체를 자유롭게 하여 모든 지체가 사역을 하고 다양한 방법으로 다른 지체들에게 리더십을 부여할 수 있도록 하면서 성별을 포괄한다는 것이다. 따라서 결국 나의 논점은 페미니스트 어젠다, 즉 여성 사역에 대한 옹호가 아니다. 그보다는 성령 어젠다, 즉 교회가 교회 안에서 그리고 세상에 더 효과적으로 사역할 수 있도록 우리의 제한과 구조로부터 성령을 자유롭게 해 달라는 탄원이다."[15]

더 많은 여성 리더에게 권한을 부여하고 그들을 자유롭게 하기 위해 우리는 무엇을 할 수 있는가? 여성의 목소리를 높이고 은사를 존중하기 위해 우리는 무엇을 할 수 있는가? 여기 열다섯 가지의 실천 방안이 있다.

1\. 여성 리더에게 실제로 권한을 부여하자

너무 자주, 우리는 사역과 리더십에 있어서 여성을 향해 '고개를 끄덕여' 주지만, 변화를 불러오기 위해서는 아무것도 하지 않는

---

[15] Pierce, Groothuis, and Fee, *Discovering Biblical Equality*, p. 254.

다. 성경적 신념 때문에 여성 사역을 제한하는 것과 달리, 여러분이 평등주의자(또는 리더십에 있어서 여성을 지지하는 모든 사람)라고 말하고 나서 그것을 실현하기 위해 아무것도 하지 않는 것은 부끄러운 일이다. 우리는 여성에게 '고개를 끄덕여' 주는 것을 넘어서 실제로 권한을 부여하는 데 우선순위를 두고 지금 이를 위해 무언가를 해야 한다.

2. 여성을 리더십 테이블에 앉게 하자
대부분의 기독교 단체와 교회는 여성이 테이블에 앉는 것을 허용하지 않는다. 셰릴 샌드버그는 우리가 여기에 덧붙여야 할 것이 있다고 말한다. 여성은 흔히 조직에서 자신의 능력을 과소평가한다는 것이다. 여성은 교회와 직장에서 스스로를 위해 협상하지 않는다. 남성은 자신의 성공을 자기 자신과 자신의 능력 덕으로 돌리는 반면, 여성은 자신의 성공을 (자기 자신이 아닌) 다른 외부 요인의 덕으로 돌린다.
　우리는 여성이 테이블에 앉을 수 있는 공간을 만들어야 한다. 남성처럼 여성도 기여하고 배우고 성장할 수 있는 공간이 필요하다. 하룻밤 사이에 훌륭한 리더가 되는 사람은 없다. 우리는 모두 지원과 허용과 멘토링이 필요하다. 우리는 모두 위험을 감수하고 실수도 하면서 리더의 자리까지 성장해 가야 한다.
　그래서 남성과 마찬가지로, 여성도 자신을 믿어 주고 자신이 스스로를 믿을 수 있도록 도와주는 사람들이 필요하다. 셰릴 샌드버그는 이를 위한 롤 모델을 제시하며 여성들에게 말한다. "여러분이 A등급을 받았다고 믿으세요. 진급을 위해 애쓰세요. 내면의 소리들은 무시하세요. 자기주장으로 인한 대가를 지불하리란 것은 알아야 하지만, 그래도 계속해서 손을 들고 목소리를 높이세요."[16]

우리 중 기독교 단체에서 상위 리더인 사람들은 남성이 여성보다 더 많은 기회를 갖는다는 것을 알아야 하고, 여성이 기회를 가질 수 있도록 도와야 한다. 여성이 리더의 자리로 나아가도록 하고, 그들의 은사와 재능을 존중하며, 그들이 스스로를 믿고 한번 해 볼 수 있도록 격려하기로 결단하자. 여성의 리더십을 방해하는 제도와 구조에 대처하고, 여성이 '리더십의 테이블에 앉을 수 있도록' 하자.

그러면 우리는 무엇을 할 수 있는가? 우리의 교회와 팀과 이사회에서 (특별히 리더의 역할과 이사로서) 여성이 리더십의 테이블에 앉을 수 있도록 하자. 여성이 자기주장을 하고 자신을 믿도록 격려하자. 여러분의 사역팀과 이사회에 충분히 많은 여성이 합류할 때까지 만족하지 말자. 여성이 진급하고 인정받을 수 있도록 격려하자. 여성이 상위 리더의 역할을 할 수 있도록 지도하고 멘토링하는 방법을 찾아보자(의지를 발휘하지 않으면 이 일은 일어나지 않을 것이다).

---

16 Sandberg, "Why We Have Too Few Women Leaders."

3. 여성이 테이블에 앉은 여성을 볼 수 있도록 도와주자

롤 모델 없이 여러분이 무언가를 할 수 있다고 믿기는 정말 어려운 일이다. 그래서 우리는 여성이 테이블에 앉은 다른 여성을 볼 수 있도록 도와야 한다. 이는 여성을 상위 리더로 진급시키는 일을 포함한다. (덧붙이면, 만약 여러분이 이것을 형식주의라고 생각한다면 여러분 주변의 재능 있는 여성에게 관심을 기울여 오지 않은 것이다!) 교회와 직장에서 중요한 리더의 자리에 있는 여성을 초대하여 팀을 위한 훈련과 개발을 맡기고, 그들의 이야기를 공유하도록 하자. 여성에게 '관계망을 형성할' 수 있는 기회를 주어 그들이 자신보다 앞서간 여성 리더로부터 배울 수 있도록 하자.

4. 남성 지배적 문화를 탈바꿈하자

교회는 지구상에서 가장 남성 지배적인 조직이다. 남성 지배적이고(이거나) 가부장적인 조직 문화는 교회 어디에나 있다.

그래서 우리는 이런 문화에 대처하면서 변화를 이루어야 한다. 교회와 가정에서 여성에 대한 기존의 태도는 무엇이며, 우리는 어떻게 여성을 향해 더 건강한 태도를 취하고 그들을 더 존중할 수 있는가? 남성 지배적인 문화에서는 어떤 보상 내지 불이익을 받게 되며, 또한 우리는 그것을 어떻게 바꿀 수 있는가? 우리의 교회나 단체의 리더십 모델은 무엇이며, 그것은 어떻게 남성에게 보상을 주고 여성에게 제한을 가하는가? 때때로 여성은 남성 리더십 모델에 순응해야 한다는 압박을 느낄 수 있다…. 대안은 무엇인가?

우리는 채용 관행과 리더십 개발 과정을 검토해야 한다. 사람들은 종종 '자기 자신의 이미지/성별에 따른 채용'을 하고 '자신의 이미지/성별에 따른 리더 양성'을 한다. 중간 및 상위 관리직이나 교회 리더의 자리에 대부분 남성이 있다면, 여성을 가능성 있는 적절한 리더로 보기 어려울 수 있다. 우리는 채용할 때 선발 기준을 철저히 해서, 미묘하게 남성에게 더 편향적이지 않도록 해야 한다. 여성을 우리의 리더십 훈련 및 개발 프로그램에 초대해서, 그 프로그램이 여성과 남성 모두에게 이용 가능하며 적절하도록 새롭게 편성하는 데 도움을 달라고 요청해야 한다.

조직 문화는 스스로 고쳐지지 않는다. 그것들은 변화에 저항한다. 남성 지배적인 조직 및 리더십 문화를 탈바꿈하려면 용기와 노고가 필요하다. 그러나 그럴 만한 가치가 있다.

5. 진정성 있고 전문적이고 개인적인 파트너십의 모범을 보이고 존중하자

이것은 셰릴 샌드버그가 강연에서 강조하는 것인데, 그리스도인의 결혼 생활과 성별에 따른 관계에도 큰 의미가 있다. 우리는 여성과 남성 사이의 진정한 파트너십, 즉 직장과 교회에서의 전문적인 파트너십 **그리고** 우정과 결혼에서의 개인적인 파트너십, 양자 모두의 모범을 보이고 존중해야 한다.

연구에 따르면 우리는 가정보다는 직장에서 이러한 면에 더

많은 발전을 이루어 왔다. 가정에서 여성은 여전히 가족과 집안일의 짐을 떠맡는다. 여성은 흔히 일을 하면서 대부분의 집안일과 육아를 도맡아 한다. 하지만 여성과 남성이 동등하게 책임을 지는 가정은 이혼율이 더 낮고, 훨씬 더 행복한 결혼 생활을 한다. 그뿐 아니라 그들은 진정한 파트너십을 존중하며 소중하게 여긴다.

그렇다면 우리는 이것에 어떻게 대처하는가? 우리는 교회, 직장, 가정을 포함한 삶의 모든 영역에서 남성과 여성 사이의 진정한 파트너십의 중요성을 강조해야 한다. 우리는 비즈니스 미팅이나 친목 모임에서 실례를 들어 발언함으로써 이것을 강조해야 한다. 우리는 모든 기회를 이용하여 여성과 남성 사이의 평등한 파트너십을 향상시키고 모범을 보여야 한다(학교와 대학 수업에서, 다수의 교회와 가정의 환경 속에서 이것을 강조하여 젊은 세대 남성이 그 메시지를 알도록 해야 한다). 마지막으로, 우리는 소녀와 여성이 그야말로 진정한 파트너십을 정착시킬 수 있도록 격려해야 한다.

6. 여성과 남성이 평등하게 성공할 수 있는 문화를 만들자

교회는 여성과 남성이 평등하게 성공할 수 있는 환경을 만들기 위해 헌신해야 한다. 여기에는 여성 혐오와 성차별과 가부장제에 대한 대처가 포함된다. 그것은 모든 사람, 즉 모든 여성과 모든 남성에 대한 다름 아닌 평등과 존중을 갖추는 것을 의미한다.

그것은 미묘하고 인식하기 어려운 편견과 장벽에 대처하는 것과, 성(gender)과 개인적인 관계들이 보완되고 회복되면 진정으로 어떠한 모습인지를 세상에 보여 주는 것을 의미한다.

우리는 여성이 자신의 사역과 직장 생활의 모든 단계에서 능동적이고 열정적이며 더 많은 것을 추구하도록 격려하고 지도할 방법을 찾아야 한다. 다시 셰릴 샌드버그의 말을 들어 보면, 이것은 여성이 미래 삶의 단계와 책임(예를 들어, 육아)을 미리 예상하여 기회를 포기하고 리더의 자리에서 뒤로 물러서는 일이 없도록 용기를 주는 것과 관련이 있다. 그녀는 여성들에게 "여러분이 아이를 갖기 위해 떠나야 하는 바로 그날까지 계속 가속페달을 밟으세요"(만약 여러분이 고용주라면, 그 남성이나 여성이 원하는 경우 육아휴직을 지원하고, 직장으로 다시 복귀할 수 있는 실질적인 기회를 제공하세요)라고 말한다. 여성(그리고 남성)이 아이를 갖게 된 이후에 직장으로 복귀하여 그들의 직장 생활과 사역의 열망을 계속 이어 갈 수 있도록 만들자.

그 밖에 우리가 할 수 있는 일은 무엇인가? 연장자인 여성은 젊은 여성을 권하여 이 관점을 받아들이도록 하자. 연장자인 남성은 젊은 남성을 권하여 여성을 진정으로 존중하고 높이는 것이 어떤 모습인지를 보여 주고, 젊은 남성도 그와 같이 하도록 하자. 남성과 여성이 동등하게 성공할 수 있고, 그들의 성취와 재능에 대해 동등하게 호감과 존경을 받을 수 있는 문화를 만들도록 애쓰자.

그 도전은 우리가 여성이 적극적이고 더 자신감 있게 진급하고 기회를 얻을 수 있도록 촉진하는 아주 효과적인 방법일 것이다. 그러나 그 도전은 감추어져 있는 편견, 장벽, 성차별 및 가부장적 문화에 대처하고, 여성의 성공과 성장을 막는 문화와 리더십의 역학 관계에 대처하는 것에도 또한 적용된다. 이것을 가치 있게 여기면서 결혼, 가족, 교회, 팀, 기업, 단체에 그러한 가치를 전할 수 있는 그리스도인 리더들이 우리에게 필요하다.

7. 말하기를 멈추고 듣기를 시작하자

다시 말하지만 여러분이 남성이라면, 말하기를 멈추고 여성의 말을 듣기 시작하자. 그들은 여러분과 여러분의 행동, 태도, 교회, 입장에 대해 무엇을 말하는가? 여성의 목소리와 관심사에 귀를 기울여 보자. 그들은 일어나는 일들에 대해 어떻게 느끼는가? 그들은 소외, 무시, 차별을 어떻게 경험해 왔는가? 그들은 가족, 교회, 사회의 치유와 변혁을 위해 어떠한 비전을 품고 있는가? 그들은 어떠한 리더십의 은사를 발휘하기를 갈망하는가?

8. 모든 여성을 존중하자

모든 여성을 존중하고, 그들의 말을 경청하고, 널리 알리자. 때때로 우리는 강하고 힘 있는 여성만 존경하고 그가 어떤 인물인지 알아본다. 그러나 우리 교회에 있는 다른 여성의 목소리, 예를 들어, 조용히 무대 뒤에서 일하는 여성의 목소리에 대해서는 어떠한가? 그러한 목소리를 통해 하나님이 우리에게 말씀하시는 것은 무엇인가? 어떻게 하면 우리는 그들의 말을 잘 듣고 그들에게서 더 배우며 그들을 더 존중할 수 있는가?

9. 자신의 믿음과 실천을 점검해 보자
여러분이 성경과 종교적 전통을 어떻게 사용하는지 질문해 보자. 여러분의 믿음과 실천을 점검해 보자. 이러한 것들이 여성의 권리, 견해, 지도력을 제한하는가? 아니면 여성을 존중하고 가치 있게 여기며 높이는가? 즉 하나님이 그들에게 주신 모든 은사와 능력을 충분히 사용할 수 있는 평등한 존재로서 그들을 테이블로 초대하는가?

10. 상호 멘토링을 수용하자
'상호 멘토링'을 수용하자. 나는 남성 리더가 상호적 멘토링의 관계에서 기존의 여성 리더 및 새로운 여성 리더와 자주 짝을 이루어야 한다고 생각한다. 그 목적은 서로에게 배우고, 무의식적 편견을 타파하며, 교회와 단체를 풍요롭게 하고, 그들의 머리에서 멘토링에 관한 우리의 전통적 생각을 뒤집는 것이다.

11. 여성 강연자를 세우기 위해 발 벗고 나서자
여성이 여러분의 교회 예배와 여러분의 행사에서 강연하도록 하자. 여성 강연자를 성장시키고 그들에 대해 알아보고 그들의 말을 경청하자. 가능하다면 1년에 한두 번 콘퍼런스 주최자에게 그들을 소개해 주자. 여성이 콘퍼런스에서와 패널로서 발언할 뿐만 아니라 그러한 행사를 기획할 수 있도록 하자. 그들이 힘 있는 자리에서 섬기고 콘퍼런스에 공평하게 참석하며 역동적인 관계망을 구축할 수 있도록 하자. 발 벗고 나서자. 신학교와 지역 교회에서 여성 강연자를 찾고, 그들이 여러분의 교회, 대학 또는 행사에서 강연할 수 있도록 노력하자. 진정으로 헌신하고 측정 가능한 목표를 세우지 않고서는 어떠한 변화도 일어나지 않을 것이다.

12. 여러분이 기꺼이 무엇을 포기할 것인지(그리고 얻을 것인지)를 질문하자

만약 여러분이 남성 목사, 설교자, 콘퍼런스 강연자라면, 교회가 여성의 목소리를 듣게 하기 위해 기꺼이 여러분의 자리를 잃거나 공유하는 희생을 감수할지를 결정해야 할 때다(그러한 변화가 시작될 때 우리는 항상 자기보호주의에 빠져들 위험성이 있다). 만약 여러분이 남성 목사라면, 여러분의 교회에서 말을 더 적게 하고 여성이 더 많이 말할 수 있도록 격려해야 할 때다. 교회는 그로 인해 더욱 풍요로워진다. 만약 여러분이 남성 콘퍼런스 강연자라면, 여성이 패널이 되어 발언하지 못할 경우 여러분도 패널이 되지 않거나 콘퍼런스에서 강연하지 않겠다는 입장을 취하고 호소할 수 있을 것이다.

13. 여성 그리스도인 리더들에 대해 알아보자

여성 그리스도인 리더에 대해 이야기하자. 여러분의 회중, 가족, 대학의 교실에서 현대 및 역사 속 여성 리더의 이야기를 배울 수 있도록 하자. 여성이 쓴 책을 읽어 보자. 여성이 전하는 말을 들어 보자. 여성을 높이 평가했던 역사를 찾아보자. 리더의 위치에 있었던 여성의 이야기와 매일의 삶 속에서 제자도와 믿음을 추구했던 여성의 이야기에 대해 알아보자.

14. 여성과 함께 기도하자

우리는 함께 기도하는 사람과 가까워진다. 열린 마음과 경청하는 마음으로 서로 함께 기도할 때 우리는 서로의 말을 듣게 된다. 만약 여러분이 누군가의 기도를 깊이 듣는다면, 여러분은 그들의 욕망, 두려움, 관점, 소망을 비롯해 수많은 내용을 듣게 된다는 것을 알아챈 적이 있는가? 우리가 다른 사람들과 함께 기도할 때, 우리는 그들과 그들 안에 있는 성령이 우리의 삶에 대해 말하고 우리를 예수님에게 인도하도록 초대한다.

15. 여성과 소녀를 존중하는 것이 생활 방식과 제도적 가치가 되도록 하자

그녀의 친구가 되자.
그녀의 말을 듣자.

그녀에게서 배우자.

그녀를 존중하자.

그녀와 멘토링을 하자.

그녀에 대한 형식주의를 거부하자.

그녀를 진급시키자.

그녀를 임명하자.

그녀를 지원하자.

그녀에게 물어보자.

그녀에게 사과하자.

그녀를 후원하자.

그녀와 함께 가부장제를 깨뜨리자.

그녀를 인정하자.

그녀와의 평등을 선택하자.

그녀를 따르자.

그녀를 위한 자리를 만들자.

그녀를 초대하자.

그녀와 함께 섬기자.

그녀와 함께 그녀의 성취를 널리 알리자.

그녀와 함께 여러분의 강단을 공유하자.

그녀를 위해 포기하자.

그녀를 위한 공간을 만들자.

그녀와 함께 지배권과 권력을 밝히자.

그녀가 어떤 사람인지 알아보자.

그녀의 말을 인용하자.

그녀를 고용하자.

그녀의 편에 서자.

그녀에게 대가를 지불하자.

그녀를 공개적으로 인정하자.

그녀와 함께 그리스도를 설교하자.

그녀와 함께 정의를 추구하자.

그녀와 함께 기도하자.

그녀를 널리 알리자.

그녀를 격려하자.

그녀를 존경하자.

그녀 안에 계신 그리스도께 순종하자.[17]

N. T. 라이트가 한 이 말은 진실하게 들린다. "내 생각에 우리가 사후 세계에 대한 우리의 전통적 그림을 중세의 모델에서 벗어나 다시 성경의 모델로 근본적으로 바꾸어야 하는 것처럼, 우리는 남성과 여성이 누구이며 그들은 교회 내에서 서로 어떻게 연관되어 있는지,

---

17 다음 블로그 게시글들을 보라. Elizabeth Graham to *The Junia Project*, 2018, https://juniaproject.com/advocate-for-women-in-ministry/; Graham Hill to *The Global Church Project*, 2017, https://theglobalchurchproject.com/9-ways-amplify-voices-honor-gifts-women/; Graham Hill to *The Global Church Project*, 2018, https://theglobalchurchproject.com/empower-female-leaders/.

참으로 성경은 이 주제에 대해 어떻게 말하는지에 대한 우리의 전통적 그림을 근본적으로 바꾸어야 한다.…아마도 우리 세대에 우리는 올바른 방향으로 다시 큰 발전을 이룰 기회를 갖게 될 것이다."[18]

이 책에서 나는 여성과 남성 사이의 평등에 대한 성경의 사례를 개략적으로 설명했다. 또한 사역과 리더십에서 여성을 위한 성경적 비전을 제시하기 위해 성경 구절과 주제들을 살펴보았다. 성경의 궤적은 명확하다. 성경의 장을 펼칠수록 여성을 위한 기회도 확장된다. 성경의 이야기가 진행될수록, 여성은 교회에서 사역에 온전히 참여하고 세상에서 평등하게 선교할 기회를 갖는 권능을 부여받고 담대함을 얻게 된다.

예수님은 여성을 자유롭게 하고 존중하셨다. 성령은 여성에게 권능과 은사를 주신다. 성부는 사랑으로 여성을 창조하고 위엄 있게 하신다. 성부와 성자와 성령은 여성과 남성을 하나님과 서로에 대한 동등한 친밀함으로 초대하신다. 성경의 중점과 궤적에는 여성을 위한 평등이 나타나고 여성이 모든 형태의 섬김과 사역에 완전히 참여하는 것을 지지한다. 비극적이게도, 교회와 그 리더들은 여성을 항상 존중하지는 않았다. 우리는 교회의 역사 속에서 여성이 성적으로 학대받고, 억압받고, 착취당해 온 사례를 수없이 많이 본다. 여성은 그들의 열정과 은사를 통해 평등하게 명예로운 공헌을 할 수 있는 기회를 종종 거부당했다. 하지만 바로 오늘, 예수님은 그분의 지역 교

---

18 Wright, "Women's Service in the Church."

회와 세계 교회에게 다른 길을 선택하도록 요청하신다. 예수님은 그분의 교회를 향해 여성을 그리스도의 몸의 동등하고 가치 있는 지체로서 존중하고 자유롭게 하며 인정하라고 요청하신다. 여성과 남성 모두 교회 안과 바깥 세상에서 완전한 평등, 상호 순종 및 제한 없는 사역을 누릴 수 있다.

성경은 여성이 가르치고, 개척하고, 섬기고, 예언하고, 증인이 되고, 제자를 삼고, 이끄는 것을 확증한다. 남성에게 가능한 사역은 여성에게도 모두 동일하게 가능하다. 남성과 여성의 관계는 항상 상호 존중과 상호 순종을 특징으로 한다. 이 성경적 비전은 우리 개인의 삶뿐만 아니라 우리의 교회, 이웃, 가족, 세상을 변화시킨다. 교회의 진실함, 거룩함, 신뢰성, 증언은 성경적 평등의 실천을 통해서만 강화된다.

"여성은 하늘의 절반을 떠받치고" 있으며, 교회의 절반 이상을 차지한다. 이제 예수 그리스도의 교회가 성평등과 상호 순종이라는 성경적 비전을 추구하며, 사역에서 남성과 여성 모두에게 권한을 부여할 때가 되었다.

맺는말: 기도

하늘에 계신 우리 아버지,
　　그 이름이 거룩함을 받으십시오.
"그 나라를 오게 하여 주시며,
　　그 뜻을 하늘에서 이루심같이,
　　　　땅에서도 이루어 주시는"
　　　　　그날을 우리 마음이 갈망합니다.
주님의 목적과 뜻을 보여 주시고,
　　우리를 사랑과 회복된 관계로 인도하여 주시며,
　　주님의 은혜와 진리를 우리에게 보여 주십시오.
자유롭게 해 주십시오, 두려움과 편견으로부터,
　　자존심과 불안으로부터,
　　권력과 지배를 위해 애쓰는 것으로부터.
세상을 바로잡아 주십시오,
　　정의를 회복시키시며,
　　깨어진 관계를 치유하시고,
　　분열을 없애시며,
　　갈등을 화해로 바꾸시고,
　　여성과 남성 사이에 평화와 사랑을 불러오시며,

우리 모두를 평등하게 하시고,
예수 그리스도와 함께하는 관계 속에서 우리를 하나 되게 하시며,
우리를 그리스도의 가족으로 만들어 주십시오.
용서하여 주십시오, 여성이 자신의 은사를
온전하고 자유롭게 사용하지 못하도록 한 것에 대해.
이러한 변화를 볼 열정과 결심을 주십시오.
반성합니다,
  여성의 자유를 제한한 것을,
  그들의 은사를 무시한 것을,
  그들을 침묵시킨 것을,
  가부장제와 권력의 남용을,
  믿음을 명분으로 여성을 대해 온 방식을,
  몇몇 사람이 성경을 왜곡하여 상처를 주고 통제한 방식을.
감사합니다,
  굽히지 않고 발언해 온 여성들로 인해,
  가부장제, 학대, 폭력에 맞서 온 여성과 남성으로 인해,
  외면하지 않은 사람들로 인해,
  어둠 속에서 빛을 비추는 사람들로 인해,
  정의를 요구하는 사람들로 인해,
  방어와 변명을 거부하는 사람들로 인해,
  여성의 목소리에 귀를 기울이고 반응하는 사람들로 인해,
  다름 아닌 성평등과 상호 순종을 받아들이는 사람들로 인해.

세울 수 있는 용기를 주십시오,
　　여성과 소녀를 소중히 여기고,
　　여성과 남성을 동등하고 온전하게 존중하고,
　　서로에게 순종하는 법을 연습하고,
　　여성을 동등하게 테이블로 초대하고,
　　모든 사람이 자신의 은사를 충분히 사용할 수 있도록 하는 교회를.
권능을 주시는 임재로 함께하여 주십시오,
　　권력과 지배권에 맞서도록,
　　평등과 상호성의 모범을 보이도록,
　　정의가 흐르게 하도록,
　　다름을 환영하고 받아들이도록,
　　여성과 아이의 말에 귀를 기울이도록,
　　그들의 안전과 권리와 가치를 지키도록,
　　이 일을 하는 데 교회와 모든 남성을 도전할 수 있도록.
주께서는 우리에게 선이 무엇이며
　　우리에게 원하시는 것이 무엇인지를 보여 주셨으니,
　　　　정의를 찾고 행하는 것,
　　　　자비와 친절을 사랑하는 것,
　　　　우리 하나님과 겸손하게 함께 걷는 것입니다.
하나로 연합된 사람들로 만들어 주십시오,
　　인종이나 정치나 계급이나 성별로 인해
　　　　더 이상 분리되지 않는,

우리 주 예수 그리스도 안에서
> 하나 된 새로운 인류로.

할 수 있는 모든 것을 행하는 데 헌신하겠습니다,
> 여성을 존중하고, 높이고, 귀히 여기고, 기리고, 경청하고, 존경하기 위해.

변함없이 헌신하겠습니다,
> 믿음과 리더십과 삶에서 평등한 파트너로서
> 여성을 테이블로 초대하기 위해,
> 성경적 평등을 실천하고 촉진하기 위해.

나라와 권세와 영광은
> 영원히
> 아버지의 것입니다.

아멘.

후기

그레이엄 조지프 힐은, 여성이 교회 전체를 위해 리더와 교사로 섬기도록 그들을 격려하고 준비시켜야 한다는 설득력 있는 주장을 펼친다. 그는 여성의 권리를 박탈하는 현행 제도로 인해 여성이 삶에서 겪는 감정적 희생을 예리하게 인식한다. 그는 우리가 교인의 절반 이상을 소외시킬 때 우리 교회가 더 약해지고 더 빈곤해진다는 것을 안다. 힐은 문학적 및 역사-문화적 맥락을 인식하고 성경을 살펴보면서 초대교회가 고대 그리스-로마 문화에 뿌리를 둔 성차별주의를 비판했음을 강조한다. 더불어 최근의 페미니스트와 관련한 일들이 여성 사역에 대한 논의를 만들어 낸다는 근거 없는 믿음에 정당하게 도전한다. 그는 성경을 직접 탐구하면서, 특히 "여성이 섬기고 이끌 수 있도록 자유롭게 한" 바울의 사례를 보며 교회 내에서 여성을 리더의 자리에 앉게 해야 한다고 확신한다.

만약 우리가 힐의 비전을 행동에 옮긴다면, 10년이나 20년 후에 교회는 어떤 모습일까? 대체로 교회는 하나님 나라의 가치와 더 잘 부합할 것이다. 나는 교회가 힐의 방안을 따를 만한 영역을 최소한 세 군데 제안하고자 한다. 힐의 방안을 따르는 교회는 이 세 영역에서 복음의 좋은 소식에 굶주린 우리의 궁핍한 세상에 영향을 미칠 수 있을 것이다. 지역 교회는 직장과 가정에서 여성을 위한 모범적 실천의 본을 만들고, 남성과 여성으로서의 인간을 포함한 하나님의 피조물의 아름다움을 강조하며, 예수님 자신의 본보기를 수용하는 남성성에 대한 더 나은 비전을 제공할 것이다.

첫째, 지역 교회는 여성의 건강한 직장 환경 조성을 이끌고, 가정생활을 위한 건전한 본보기를 제공할 수 있다. 여성은 다른 무엇보다도 '그리스도 안에서' 제자로서 스스로를 포용함으로써 몸에 대한 건강한 인식과 자존감이 커져 갈 것이다. 젊은 여성은 교회 내 핵심 리더십과 의사 결정의 역할에서 여성 롤 모델을 보게 되어 도움을 받을 것이다. 젊은 남성은 남성과 함께 여성이 교회와 가정에 영향을 미치는 결정을 내리는 모습을 보면서 여성의 능력을 인지하게 될 것이다. 힐은 "우리를 통제에서 섬김으로, 경쟁에서 사랑으로" 이끄는 '서번트십'을 장려한다. 교회가 자신의 은사를 추구하도록 여성을 격려하여, 여성이 신학적·재정적·행정적으로 교회를 목양하고 남성 동료와 함께 양질의 멘토링을 경험할 수 있도록 한다. 이것은 남성과 여성이 함께 하나님의 좋은 세상을 돌보도록 한 창조 명령을 본보기로 한 것이다(창 1:26-31).

둘째, 힐의 논의는 하나님의 창조에서 생물학적 성의 중요성을 강화한다. 힐은 남성과 여성이 다르다는 것을 강조하고, 그러한 다름이 우리의 일상생활에서 무엇을 의미하는지를 탐구한다. 오늘날 더 넓은 문화권에 있는 일부 사람들은 성별 간 격차를 줄이기 위한 노력의 일환으로 남성과 여성의 다름을 부정한다. 힐은 이 접근법을 정당하게 거부한다. 그 대신 어떻게 남성과 여성의 다름이 불평등과 편견으로 이어지지 않는지에 초점을 맞춘다. 그의 주장 중 일부는 성령이 남성과 여성에게 평등하게 은사를 주서서 교회 전체를 섬기도록 하신 것에 초점을 맞춘다. 힐은 성부에 대한 성자의 영원한 종속과 관련된 (잘못된) 이론에 근거해서 여성의 종속적 역할을 주장하는 어떤 견해도 합당하게 거부한다(또한 요 5:26을 보라). 그렇게 함으로써 힐은 그리스도의 승천과 미래에 있을 믿는 자들의 몸의 부활이 갖는 신학적 중요성을 더 탐구해 보라고 권한다. 여성**으로서** 여자의 몸은 불멸하고 완벽한 모습으로 일으킴을 받을 것이다. 교회는 오늘날 이러한 사실을 어떻게 확증해야 할까? 한 예로, 여성의 몸이 일으켜질 것이라고 확신하면 교회는 여성의 목소리에 귀를 기울이고 회중 앞에서 그녀의 물리적 존재를 보게 된다. 이는 몇몇 남성 목사가 설교에서 여성 저자를 인용하지만, 같은 여성 저자가 설교단에서 발언하는 것은 허용하지 않는 현재의 관행과 역행하는 것이다.

셋째, 힐은 남성성에 대한 추가 연구를 위한 토대를 마련한다. '여성 이슈'를 다루는 토론은 종종 남성 됨이 무엇을 의미하는지에 대한 논의와는 별개로 이루어지곤 한다. 그러나 여성이 남성을 이끌거나 가르칠 수 있는지에 대한 논쟁의 많은 부분을 주도하는 것은 바로 그 이슈, 곧 남성성의 정의(definition)다. 힐의 연구는 여성이 교회의 모든 영역에서 평등한 파트너로서 남성과 함께 섬기는 데 대한 견고한 토대를 제공한다. 이 토대 위에서 우리는 그리스도 예수의 본보기를 따르는 남성성에 대한 성경적 관점을 세울 수 있다.

왜 우리에게 남성성에 대한 새로운 비전이 필요할까? 왜냐하면

'진정한 남성성'의 의미에 대한 우리의 그림이 종종 성경적 이상과 거리가 멀기 때문이다. 그 대신 그것은 보다 폭넓은 문화적 이해에 더 가까운데, 남성이 지성과 리더십에서 우월한 가운데 남성과 여성을 상반된 존재로 보는 아리스토텔레스적 세계관에 뿌리를 두고 있다. 교회는 남성을 본질적으로 적극적이고 능동적으로 그리면서 여성은 '자연스레' 수동적이고 육아를 하는 모습으로 그리는 아리스토텔레스적 관점을 따른다. 그러나 힐이 지적했듯이, 성경 본문은 남성과 여성 사이의 이원론적 대립은 물론, 여성이 본질적으로 좋은 리더십과 가르침을 행할 자질이 부족하다는 평가를 지지하지 않는다. 초대교회는 그 시대의 중심적 신념, 즉 남성 됨은 자기 자신과 다른 사람을 책임지는 것을 의미한다는 생각에 도전했다. 이 신념은 심지어 불명예나 고문을 당하느니 차라리 자살을 감행하면서까지 그 어떤 대가를 치르더라도 통제하려고 하는 모습으로 뚜렷이 나타났다. 반면에 초대교회는 순교자를 귀감이 되는 제자로 내세웠다. 이 남성이나 여성은 통제를 포기하고 용감하게 끔찍한 죽음을 맞이했다. 로마 사회는 남성 순교자를 여자처럼 나약하다고 보았지만, 교회는 그들이 하나님에게 통제권을 드린 그리스도의 본보기를 따르면서 육체의 부활을 소망한다고 보았다. 예수님은 재판에서 당한 수치와 십자가에서 맞은 비천한 죽음을 받아들이셨다. 그분은 모든 제자 곧 남성과 여성에게 자신의 십자가를 지고, 십자가에 못 박히고 부활하고 승천하신 주님의 뒤를 따르라고 명령하신다. 그리스도는 남성들에게 그들의 힘을 유지하고 방어하기 위해 노력하지 말고, 이타심과 희생의 자세를 구현하라고 손짓하신다.

힐의 요청에 따라 변화하기란 매우 힘들 것이다. 남성이 통제를 포기하고 여성의 말에 적극적으로 귀 기울이는 것과 같은 일이 요구되기 때문이다. 교회는 남성과 여성이 그들의 은사를 통해 성장할 수 있는 환경을 만들기 위해 끊임없이 일해야 한다. 목표로 삼을 만한 모습은 바로 생기를 회복한 교회다. 이런 교회는 복음의 치유와 소망의 메시지로 더 넓은 세상을 만날 수 있다.

린 코힉(Lynn H. Cohick)
덴버 신학교 학장/학과장 겸 신약학 교수

부록: 성경적 평등주의 선언

성경적 평등주의 선언은 성경이 그리스도 안에 있는 남성과 여성에 대해 가르친다고 믿는 것들에 대한 나의 개인적인 증언이다. 이것은 성경이 사역에서의 성평등을 어떻게 다루는지에 대한 나의 선언이다. 성경은 성경적 평등, 상호 순종, 계급 질서 없는 상호 보완, 교회의 섬김과 리더십의 모든 영역에서 여성과 남성의 완전한 참여를 가르친다. 나는 이 **선언**이 예수 그리스도 안에서 남성과 여성을 향한 성경적 비전을 되찾으면서 명료하게 표현한다고 믿는다.

1. 그리스도 안에서 남성과 여성에 대한 모든 대화는 예배, 새로워진 마음, 분별, 자기희생, 겸손, 연합, 상호 존중, 평화, 상호 존경, 사랑, 영적 열정, 관대함, 환대, 화해, 용서, 화합의 정신으로 이루어져야 한다(롬 11:33-12:21).

2. 모든 그리스도인은 여성 사역에 대한 다양한 입장과 씨름할 기회를 가져야 한다. 그렇게 해야, 결론이 우리와 다르다 할지라도 그들이 그들 각자의 결론에 도달할 수 있다(행 17:11).

3. 남성과 여성은 관련된 성경 본문과 문화적 이슈를 함께 살펴볼 기

회를 가져야 한다. 이러한 담화는 애정, 진실성, 성실, 사랑, 연합, 겸손, 자기희생, 타인의 이익을 고려하는 것을 특징으로 해야 한다(빌 2:1-11).

4. 사역에 있어서 남성과 여성을 논의할 때 기독교의 연합과 영적 성숙을 해치는 잘못된 주장을 하거나 오해의 소지가 있는 수사법을 사용해서는 안 된다(벧전 2:1-2).

5. 성경적 평등주의는 성경과 그것의 영감 및 권위의 절대성을 인정하는 견해(high view)를 갖는다. 성경은 헤아리고, 측량하며, 조명하고, 판결하며, 생기를 주고, 영감을 주며, 규정하고, 가르치는 등의 일을 한다. 그것은 살아 계신 말씀인 예수 그리스도께로 우리를 인도한다. 성경은 성령의 감동으로 된 것으로, 하나님의 권위 있는 말씀이다. 성경은 공동체 및 개인의 믿음, 윤리, 행동, 증언, 신학 등의 모든 측면에서 절대적이고 최종적인 권위를 가진다. 우리는 남성과 여성을 성경적으로 이해해야 한다. 성경적 평등주의는 성경의 권위를 피하지 않고 포용한다(딤후 3:16-17).

6. 창세기 1-3장은 여성과 남성의 완전한 존엄과 평등을 제안한다. 즉 연합, 다름, 사랑, 공동 청지기 정신, 하나님과 서로에 대한 친밀함을 특징으로 하는 아름답고 평등한 파트너십을 보여 준다. 계급 질서와 갈등은 오직 타락의 결과로서 나타날 뿐이지 남녀 관계에

대한 하나님의 이상(ideal)은 아니다. 그리스도인은 하나님이 주신 창조의 이상이 평등, 상호 청지기 정신, 사랑이라는 사실을 인정하고 찬양해야 한다(창 1-3장).

7. 남자와 여자는 하나님의 형상을 따라 평등하게 창조되었다. 하나님은 우리를 그분의 형상대로, 그분의 영광을 위하여, 남자와 여자로 만드셨다(창 1:26-28).

8. 성경은 구약과 신약 전반에 걸쳐서 창조된 질서(created order)를 인정한다. 성경은 여성과 남성이 구별되지 않는 무성(無性)적 교회를 주장하지 않는다. 성경적 비전은 여성과 남성이 평등하지만 다르다는 것이다. 성경은 남성과 여성이 똑같다고 가르치지 **않는다**. 그 대신 성경은 평등, 상호 보완, 상호 순종, 그리스도 안에서의 하나 됨을 **가르친다**. 성별적 상호 보완은 이상적이지만, 성별적 계급 질서는 비성경적이고 교회 전체에 피해를 준다. 나는 **남성과 여성이 평등하고 사역에서 모든 역할을 맡을 수 있다고 주장하는 비계급 질서적 상호보완주의자**인데, 그것이 성경에 나타난 하나님의 뜻이자 계획이라고 믿기 때문이다(창 1:27; 2:18-25).

9. 창세기가 이야기의 전부는 아니다. 그리스도인으로서 우리는 모두 새 창조(new creation)의 일부다. 여성과 남성은 평등하게 예수 그리스도 안에서 새 창조의 일부가 됨으로써 함께 따라오는 새롭

게 됨(renewal)과 복과 소망과 생명을 누린다(고후 5:14-19; 갈 6:12-16; 엡 2:11-22; 4:17-24; 골 3:1-11).

10. 구약성경에는 리더의 자리와 책임감 있는 위치에서 활동한 많은 여성의 이야기가 담겨 있다. 하나님이 리더로 세우기 위해 여성에게 기름 부으시는 패턴은 신약성경과 초대교회를 비롯해 모든 시대에 걸친 교회 속에서 반복된다. 구약의 여성 리더로는 미리암, 드보라, 노아댜, 훌다, 룻, 에스더, 사라, 리브가, 라합 등이 있고 그들은 영적 리더, 예언자, 사사 등이었다. 모든 성경은 하나님께서 여성이 자신의 백성 가운데 사역과 리더의 자리에서 활동하는 모습을 보고 기뻐하심을 보여 준다(미 6:4; 출 15:20-21; 삿 4:4-6; 느 6:14; 왕하 22:8-20; 대하 34:19-28).

11. 예수님은 사역에서 여성을 존중하고 환영하셨다. 예수님의 교회도 그렇게 해야 한다. 그분은 그들이 자신의 메시지와 비전을 전하고, 활발한 신학적 대화를 즐기며, 남성들 속에서 평등하게 배울 수 있도록 초대하셨다. 예수님은 여성에게 자신들이 속한 무리 가운데 복음을 전하고, 예언자의 역할을 맡으며, 그분의 선교에 동참하도록 권한을 부여하셨다. 그분은 여성을 전적으로 존중하시고 환영하셨다. 그분은 여성이 자신들의 스승(Teacher)의 말씀과 메시지를 가르치려는 의도를 가지고 '그분의 발아래에 앉는 것'을 환영하셨다. 예수님은 여성을 '열두 사도의 사도'로 삼으

셨다. 교회는 예수님이 여성을 존중하고 자유롭게 하신 방식을 모방하고 따라야 한다(막 14장; 눅 10, 24장; 요 4장).

12. 오순절은 여성과 남성에게 결정적인 순간이었다. 예수님은 자신의 영과 영적 은사를 여성과 남성에게 동등하게 부어 주신다. 여성과 남성은 모두 그리스도의 몸을 섬길 수 있도록 담대함을 얻고 권한을 받는다. 이끌고 가르치는 여성은 남성만큼 성령의 공급하심, 임재하심, 보호하심, 능력을 누린다. 그리스도의 영은 성별을 고려하지 않고 사역과 선교를 위한 은사를 주신다. 성령은 성별을 포괄하시는 분으로, 사역과 리더십에서 여성과 남성 모두에게 은사를 주시고 그들을 자유롭게 하신다(욜 2:28-32; 행 2장; 롬 12:6-8; 고전 12-14장; 엡 4:11-12; 히 2:4; 벧전 4:9-11).

13. 여성과 남성 모두 평등하게 예수 그리스도의 형상에 부합할 수 있다. 이것은 성별에 상관없이 모든 제자가 지향하는 목표다. 예수님은 남성과 여성 모두에게 주님, 구주, 스승, 주인, 롤 모델, 본보기이시다(롬 8:29; 갈 3:26-28).

14. 남성과 여성은 예수 그리스도 안에서 믿음을 통해 동일하게 하나님의 자녀가 된다. 우리는 아들과 딸로서 양자의 영을 받았고, 하나님의 공동 상속자이자 그리스도와 함께 합동 상속자다. 두 성별 모두 예수 그리스도와 함께 하나님 나라의 공동 상속자가

되고, 하나님의 자녀가 되는 모든 권리, 특권, 의무, 자유, 영예, 복을 누린다. 남성과 여성은 하나님 앞에서 동등한 지위를 가지며, 동등하게 존중받고, 사랑받고, 존귀하게 여겨진다(롬 8:14-17; 고후 5:16-17; 갈 3:26-28).

15. 성경을 충실하게 해석하면 남성과 여성 사이의 평등이 하나님의 이상임을 알 수 있다. 남편과 아내에 대한 성경의 가르침은 충실하게 해석되었을 때 언제나 평등과 상호 순종이라는 방향으로 나아간다. 우리는 그 이상적인 평등에 도달하려 애써야 하고, 그것을 우리의 결혼 생활과 사역에서 실천해야 한다(창 1:26-28; 2:20-23; 5:1-2; 21:12; 마 20:25-28; 23:8-9; 28:10; 막 10:42-45; 요 1:12-13; 13:13-17; 행 1:14; 2:17-18; 18:26; 21:9; 롬 8:14-17; 16:1-7, 12-13, 15; 빌 4:2-3; 골 4:15; 고전 7:3-5; 11:11-12; 12:4-11; 고후 3:18; 5:16-17; 갈 3:26-28; 엡 5:21-33; 벧전 2:9-10; 4:10-11; 요이 1:1-13; 계 1:6; 5:9-10).

16. 결혼과 사역에서 남성과 여성에 대한 사도 바울의 가르침은 성경적·문학적·역사-문화적 맥락에서 검토되어야 한다. 그럴 때만 그 가르침이 우리의 현대적 환경에서도 적용될 수 있다. 항상 우리는 그 가르침의 문화적 맥락과 그것을 뒷받침하는 기독교적 가치(하나님을 영화롭게 하는 것, 신뢰할 수 있는 증언을 보장하는 것, 복음을 지켜 나가는 것, 하나님과 이웃을 사랑하는 것 등)를 검토해야 한다. 이것은 바울의 가정 규범뿐만 아니라 사역에 대한 가르침에도 적용

된다(엡 5:22-6:9; 골 3:18-4:1; 딤전 2:9-15; 딛 2:2-10; 벧전 2:13-3:7).

17. 성경은 리더십과 사역에서 섬김 중심적이고 은사주의적인 관점을 가진다. 모든 사역은 우리의 종이신 주님을 모방하는 섬김의 행위다. 여성에게나 남성에게나 동등하고 똑같이, 그분이 선택하신 누구에게나 자신의 은사를 나누어 주신 것처럼, 모든 사역은 권능을 주시는 하나님의 임재로부터 흘러나온다. 사역은 성별이 아닌, 성품과 주어진 은사로부터 흘러나온다. 사역은 각자에게, 곧 남성과 여성에게 평등하게 주어진다!(행 2:17-18; 롬 12:3-8; 고전 12:7-11; 엡 4:7; 벧전 4:10-11)

18. 바울은 여성을 존중하고 자유롭게 해서 여성이 섬기고, 가르치고, 예언하고, 복음을 전하고, 이끌도록 실천했다. 오늘날 교회도 그렇게 해야 한다. 여성이 가르치고 이끌 수 있도록 그들을 자유롭게 한 바울의 실천은 그의 사역에 대한 신학과 일치했다. 바울의 글에서 사역에 참여한 여성의 명단이 얼마나 긴지를 보면 그가 여성 리더를 지지했음을 분명히 알 수 있다. 여성 예언자(눅 2:36; 행 2:17; 21:9; 고전 11:5), 여성 집사(롬 16:1), 여성 가정 교회 리더(골 4:15), 부부 리더십 팀(행 18:24-28; 롬 16:7)이 있었다. 바울이 이름을 언급한 리더 전체의 4분의 1(숫자로 열두 명)은 여성이다(행 18:24-28; 롬 16:1-12; 고전 1:11; 11:5; 12:28; 빌 4:2-3; 골 4:15; 딤전 2:9).

19. 뵈뵈, 브리스가, 유니아는 상위 리더의 역할을 한 1세기 그리스도인 여성의 사례다. 이들을 보면 여성 리더가 사도, 선도, 선교, 교회 개척, 목회, 교육 및 리더십의 은사를 행했음을 알 수 있다. 바울은 초대교회의 다른 많은 여성 리더를 언급한다. 이 1세기 여성들은 미래 세대 그리스도인 여성에게 리더십의 모범이 된다(롬 16:1-7).

20. 바울의 신학적 신념은 그리스도 안에서 여성과 남성의 평등을 암시한다. 그것은 또한 여성이 남성처럼 동등하고 온전하게 섬기고 이끌 수 있음을 나타낸다. 이러한 바울의 신학적 주장은 하나님의 형상에 따른 평등한 창조, 그리스도 안에서의 평등한 구원, 상호 순종, 섬김의 사역, 몸의 하나 됨, 만인 제사장, 여성과 남성에게 동등하게 부어진 성령의 은사, 그리스도 안에서 남성과 여성 사이의 평등을 포함한다[1](창 1:26-30; 마 20:25-28; 눅 22:25-27; 롬 1:1; 10:12-13; 12:6-10; 고전 1-2, 7장; 9:19; 10:23-30; 11:11; 12:7, 11, 25, 31; 14:1, 26; 16:16; 고후 3:12-18; 갈 1:10; 3:28; 5:1, 13; 엡 2:11-22; 4:2; 5:18-22; 골 3:10, 16-19; 살전 2:7; 딤전 4:3; 6:17; 딛 2:4; 약 2:1-13; 요일 4:13).

21. 여성과 남성은 이제 그리스도 안에서 하나다. 여성과 남성은 유대인과 이방인처럼 동등하고 완전하게 화합한다. 모든 사람은 예

---

1   Payne, *Man and Woman, One in Christ*, ch. 3.

수 그리스도의 가족 안에서 동등하게 존중받는다. 여성과 남성을 분리시키고 사랑과 예배 안에서 우리를 한 몸이 되지 못하게 하는 모든 장벽은 이제 그리스도 안에서 완전히 무너졌다. 갈라디아서 3:28은 종과 이방인에 대한 사회적 함의를 갖는 것처럼 여성에 대한 사회적 함의도 갖는다. 갈라디아서 3:26-28은 신학적이고 사회학적인 선언이다. 예수님 안에서 인종적·계급적·성적 분열이 허물어졌다. 여성과 남성은 동등하게 가치 있고, 동등하게 사랑받고, 동등하게 존중받고, 동등하게 포용되며, 그리스도와 그분의 몸을 섬기는 데 자신의 은사를 동등하게 사용할 수 있다(갈 3:28).

22. 여성과 남성은 결혼 생활에서 서로 동일한 권리, 의무, 조건, 기대, 명예를 가진다. 남성 또는 여성의 존귀함은 그들이 결혼했는지 여부에 달려 있지 않다(고전 7장).

23. 고린도전서 11:2-16은 여성과 남성 사이의 다름을 확인하고, 여성과 그들의 은사를 그리스도의 몸에 완전히 통합시킨다. 케팔레(머리)가 무엇을 의미하는지에 대한 논쟁이 있다. 그러나 바울은 분명하게 교회에서 여성이 공적으로 예언하고 기도하는 것을 인정한다. 이 구절은 여성이 행할 수 있는 공적 사역에 한계나 자격 조건을 두지 **않으며**, 남성의 영적 리더십과 권위 아래에 있을 때만 여성이 공적으로 섬길 수 있다고 가르치지 **않는다**. 그 대신 바울은

그리스도의 교회 안에서 여성 사역을 인정한다(고전 11:2-16).

24. 고린도전서 14:34-35에서 바울이 공적인 모임에서 여성이 가르치거나 발언하는 것을 금지할 리가 없다. 왜냐하면 이 구절의 다른 한 측면이 여성에게 목소리를 높이거나 그들의 은사를 사용하도록 권장하는 것과 관련되어 있기 때문이다. 여성과 남성이 동일하게 경건함, 질서 정연함, 조화로운 관계, 신뢰할 수 있는 공적 증언을 보장하는 방식으로 그들의 은사를 사용해야 한다(고전 14:26-40).

25. 바울은 상호 간의 순종, 사랑, 자기희생을 특징으로 하는 결혼 생활을 묘사한다. 바울은 여성과 종에게 순종하라고 요구하지만, 그는 가부장제와 노예제가 용납되는 문화의 맥락에서 그렇게 한다. 에베소서 5장과 골로새서 3장에서, 바울은 **상호 순종**을 중심으로 형성된 결혼 생활을 묘사한다. 그는 남편들에게 권력과 통제를 포기하고, 아내를 위해 자신을 희생하고 자기 욕망을 버리라고 요구한다(엡 5:21-33; 골 3:11-25).

26. 성경은 여성이 감독과 집사로서 섬기는 것을 막지 **않는다**. 많은 영어 번역본들이 디모데전서 3:1-13과 디도서 1:5-9에 남성 대명사를 잘못 추가한다. 이것은 오직 남성만이 감독과 집사로 섬길 수 있다는 잘못된 인상을 준다. 바울은 남성 집사/감독에게 그

들의 아내에게 충실할 것과, 여성 집사/감독에게 모든 면에서 존경받을 만해야 한다고 의무를 지운다. 바울은 누구나 감독이 되기를 바랄 수 있다고 말하며 성별에 대한 자격 요건은 두지 않는다(딤전 3:1). "바라는 어떤 사람"은 '바라는 **누구나**'를 의미한다(딛 1:5-9; 2:3-5; 딤전 3:1-13).

27. 그리스도인은 성경의 궤적에 모순되거나 성경 저자가 행한 이미 알려진 사역들에 모순되는 특이한 구절들을 중심으로 사역의 실천과 교회의 구조를 세워 가면 안 된다. 만약 우리가 여성에게 특정한 사역들을 못 하게 하기 위해 디모데전서 2:8-15을 사용한다면 우리가 바로 그렇게 행하는 것이 된다. 디모데전서 2:8-15은 색다르고 특이한 용어들이 있는 어려운 구절이며(예를 들어, "아이를 낳는 일로 구원을 얻을 것입니다"), **최종적 확실성이 확보되지 않는다**. 바울이 특정한 상황을 두고 예배에 대한 가르침을 주는 것이라는 증거가 있다. 우리는 바울이 실제로는 여성이 교회 전반에 걸쳐 가르치고 개척하고 이끌도록 인정해 주고 자유롭게 해 주었다는 것을 안다. 성경의 궤적은 여성의 명예를 높이고 사역을 확장하지, 축소하고 감소시키지 않는다. 나는 디모데전서 2:8-15이 여성에게 가르침이나 리더의 역할을 금지하지 않는다고 결론짓는다(딤전 2:8-15).

28. 성경은 여성에게만 자기 남편에게 순종하라고 요청하지 않는다.

남편에게도 자기 아내에게 순종하라고 말한다. 상호 순종은 건강한 기독교 회중과 사역에서 중요한 규범이 되듯이, 그리스도를 영화롭게 하는 그리스도인의 결혼 생활에서도 지켜야 할 규범이 된다. 베드로와 바울이 남편에게 권력을 포기하고, 그 대신 존중, 존엄, 존경, 사랑으로 여성을 평등하게 대하라고 말할 때 그들은 예수님의 길을 따르는 것이다(엡 5:21; 벧전 2:13-3:7).

29. 남녀 관계에서 하나님이 주신 이상적인 모습은 사랑이다. 그리스도는 궁극적인 사랑이 상대방을 위해 자기 자신을 내어 주는 것임을 우리에게 보여 주셨다. 사역과 역할은 달라지기 마련이다. 그러나 하나님은 사랑이시며, 사랑 안에 사는 사람들은 하나님 안에 사는 것이고, 하나님이 그들 안에 사시는 것이다. 모든 일 가운데, 여성과 남성은 사랑과 완전한 연합을 위해 노력해야 한다. 그렇게 할 때 세상이 우리가 서로 하나이며 하나님과 하나임을 보게 될 것이다(요 17:20-26; 고전 13장; 요일 4:7-21).

30. 성자는 성부에게 영원히 종속되어 있지 **않으며**, 여성은 남성에게 영원히 종속되어 있지 **않다**. 그러한 신학은 역사적 기독교와 현대의 성경을 믿는 복음주의 신앙과 맞지 않는다. 우리는 삼위일체 비유를 인간의 관계에 적용하는 데 매우 신중해야 한다. 나는 삼위일체적 비전이 사랑, 친밀감, 상호성, 교감으로 이끌어져야 한다고 믿는다. 하지만 인간의 본성이 하나님의 본성과 같지

않듯이, 인간의 관계가 하나님의 관계와 같지 않기 때문에 우리가 매우 조심해야 한다고 믿는다. 우리는 그리스도 안에서의 여성과 남성에 대한 논의에서 삼위일체적 비유와 언급을 제외해야 한다(빌 2:5-11).

31. 교회는 성별, 정의, 권력의 이슈를 용기 있게 다루어야 한다. 성추문과 권력 남용이 너무 흔하다. 우리는 목회적 돌봄, 섬김, 겸손, 책임, 상호성, 사랑에 대한 공동의 헌신을 중심으로 기독교 사역을 이루어 가야 한다. 이는 성별에 기초한 지배, 가부장적 권력, 계급적 명령-통제 형태의 사역을 옹호하는 제도와 기관에 맞서는 것을 의미한다. 목자장은 우리를 다른 길로 부르고 계신다(빌 2장; 벧전 5:1-11).

32. 기독교 사역은 권력과 계급이 **아닌** 사랑과 섬김에 관한 것이다. 계급적이고 지배하려 드는 리더십은 비성경적이다. 하나님은 남성과 여성을, 함께 평등한 존재로서, 희생, 겸손, 섬김, 사랑의 삶의 방식으로 부르신다. 함께, 우리는 계급 질서, 가부장제, 권력, 통제를 거부한다. 그 대신 우리는 성령의 권능이 임하는 은혜, 깊은 관계, 진정한 겸손을 추구한다(마 20:20-28).

33. 그리스도의 몸 안에서의 평등은 성차별주의, 인종차별주의, 연령차별주의, 엘리트주의, 계급주의 또는 타인을 학대하거나 열등

하게 만들거나 침묵시키거나 지배하려는 다른 어떤 '주의'(ism)가 설 곳이 없음을 의미한다. 그 대신 우리는 함께 예수 그리스도의 방식으로 살기를 추구한다. 이것은 우리의 가치가 명확하며 공유되고 실행되었음을 의미한다. 우리는 모든 형태의 성차별주의와 인종차별주의를 거부한다. 우리는 겸손, 섬김, 사랑, 존경, 진리, 은혜, 환영, 포용, 환대, 상호 순종, "지극히 보잘것없는 사람 하나"(least of these)에 대한 존중을 소중히 여긴다. 이는 그리스도인 남성과 여성으로서 함께 우리가 권력, 명성, 우월성을 향한 욕망을 거부해야 한다는 것을 의미한다. 그 대신 우리는 겸손, 섬김, 소박함, 사랑, 서로에 대한 존중, 서로의 안녕과 이익에 대한 돌봄을 선택한다(마 19:30; 20:20-28).

34. 신약성경에서 사역과 리더십의 자격 요건은 영적·도덕적·윤리적인 것이다. 바울의 가르침 중 상당수가 남성 리더에 대한 것이지만, 그렇다고 해서 여성이 그러한 역할로 섬기는 자격을 박탈하지 않는다. 우리가 본 것처럼, 영어 번역본들이 때때로 본문에는 존재하지 않는 남성 대명사를 포함시켜서, 누가 이끌 수 있는지에 대해 잘못된 인상을 준다. 성경의 사역과 리더십에 관한 자격 요건은 성품과 복음의 진리를 지킬 수 있는 능력에 기반을 두며, 성별에 기반을 두지 **않는다**. 여성과 남성 모두 이러한 자격을 충족시킬 수 있으며, 따라서 평등하게 섬기고 이끌 수 있다. "어떤 사람이 감독의 직분을 맡고 싶어 하면"은 '누구나 맡고 싶어 할

수 있다'는 것을 의미한다(딤전 3:1).

35. 여성에게 섬기고, 개척하고, 이끌 수 있는 권한이 부여될 때 선교는 강화되고 확대된다. 수많은 세대에 걸친 개척 선교 및 교회 개척을 해 온 그리스도인 여성들이 유니아의 발자취를 따랐다. 제한과 장애에도 불구하고 유니아의 자매들이 지역 교회와 전 세계 교회를 이끌고 확장한다. 교회는 여성 선구자, 선교사, 복음 전도자, 교회 개척자, 운동 개척자를 더 지원해야 한다(롬 16:7).

36. 여성과 남성이 함께 섬기는 예는 셀 수 없이 많다. 그리스도인은 교회와 사회에서 공동 사도, 공동 리더, 공동 목회자, 동역자로 섬기는 여성과 남성에게 박수를 보내고, 그들을 존중하고, 그들에게서 배워야 한다. 여성과 남성이 평등하게 함께 섬김으로써 우리의 신뢰도는 높아지고, 우리의 증언에 영향력이 생기며, 우리는 더 성숙하고 폭넓어진다(롬 16:3, 7).

37. 우리의 궁극적인 비전은 보좌와 어린양 앞에 모인 모든 나라, 족속, 민족, 언어의 남성과 여성에 대한 것이다. 그날에 시험과 고난, 적대감과 갈등, 가부장제와 계급 질서, 긴장과 오해, 역할과 기능, 성별적 지배와 제도적 학대, 모든 형태의 아픔과 고통이 마침내 끝날 것이다. 이것이 우리가 공유하는 궁극적 비전과 소망이다. 함께, 모든 시대와 민족의 남성과 여성이, 더불어, 큰 소리

로 외칠 것이다. "구원은 보좌에 앉아 계신 우리 하나님과 어린양의 것입니다.…아멘! 찬송과 영광과 지혜와 감사와 존귀와 권능과 힘이 우리 하나님께 영원무궁하도록 있습니다. 아멘!"(계 7:9-17; 인용은 10, 12절)

38. 교회는 여성과 역사적으로 소외당하고 침묵을 강요당해 온 모든 이로부터 듣고 배워야 한다. 여성, 소수 집단, 다른 소외된 사람들과 함께, 우리는 겸손과 회개의 변화를 추구해야 한다. 여성 사역에 관한 한, 우리의 교회와 리더들은 더 많은 여성 리더에게 권한을 주고 그들을 자유롭게 해 주기 위해 명확하고, 개방적이며, 측정 가능하고, 구체적인 전략을 수용해야 한다. 우리는 여성의 목소리를 키우고 은사를 존중하기 위해 지금 행동해야 한다. 변화하려면 용감하고 실질적인 행동이 필요하다. 여성이 평등하다고 믿는 것만으로는 충분하지 않다. 성경적 평등, 상호 순종, 계급 질서 없는 상호 보완에 대해 성경이 말한다고 인정하는 것으로는 충분하지 않다. 우리는 변화를 위해 행동해야 한다. 우리는 하나님이 우리에게 하시는 말씀을 듣고, 우리의 억측, 행태, 제도를 바꾸기 위해 행동해야 한다. 말씀을 행하는 자가 되자(약 1:19-27).

39. 그리스도인은 역사 속 및 현대의 남녀 그리스도인 리더들의 이야기를 자랑스럽게 여기고 들려주어야 한다. 교회는 남성과 여성 리더 모두에 관한 이야기가 제자도, 영적 열정, 급진적이고 활동

적인 삶, 그리스도 중심주의, 인내의 모범이 되고 영감을 줄 수 있도록 해야 한다(히 11:1-12:3).

40. 결론적으로, 성경의 그림은 가정과 교회에서 상호성과 평등을 지키며 함께 살고 섬기는 남성과 여성에 관한 그림이다. 여성은 교회에서 어떤 직분이든 맡을 수 있고 어떤 사역이든 행할 수 있다. 여성도 남성과 마찬가지로 성별이 아닌 은사와 소명을 바탕으로 섬기고 이끈다. 여성 사역을 제한하는 듯한 성경 구절은 매우 적다. 게다가 그 구절들은 보편적인 금지가 아니라 특정한 상황과 맥락에 대한 구체적인 가르침이다. 성경의 궤적은 여성에 대한 성평등과 사역의 역할을 확장한다. 이 궤적은 성경의 증거에 의해 압도적으로 뒷받침된다. 성경의 그림은 가정과 교회에서 상호성과 평등이 이루어지는 모습이다. 성경의 비전은 계급 질서 없는 상호 보완성, 결혼과 사역에서의 평등과 상호 순종, 그리스도 안에서의 하나 됨이다. 하나님의 은혜와 능력으로 이 비전이 성취되기를 기도한다.

- 주: 나는 이 선언문에서 스스로를 기독교 평등주의자라 부르는 사람들이나 일부 교회나 단체를 대변하지 않는다. 나는 내가 성경에서 확증된다고 여기는 바를 선언할 뿐이다.

더 읽을 자료

다음은 내가 성경이 여성과 사역에 대해 무엇을 가르치는지를 살펴볼 때 도움을 받은 책들이다. 글렌 데이비스(Glenn Davies), 캐시 켈러(Kathy Keller), 안드레아스 쾨스텐버거(Andreas J. Köstenberger)의 글과 같은 몇 가지를 제외하면, 대부분은 복음주의적 평등주의 입장이다.

Michael F. Bird, *Bourgeois Babes, Bossy Wives, and Bobby Haircuts: A Case for Gender Equality in Ministry*, Grand Rapids: Zondervan, 2012.

Loren Cunningham, David Joel Hamilton and Janice Rogers, *Why Not Women?: A Biblical Study of Women in Missions, Ministry, and Leadership*, Washington, DC: YWAM, 2006.

Glenn Davies, "Biblical Study Paper: 1 Timothy 2:8-15", in *Personhood, Sexuality and Christian Ministry*, edited by B. G. Webb. Homebush: Lancer, 1987.

John Dickson, *Hearing Her Voice: A Biblical Invitation for Women to Preach*, Rev. ed. Grand Rapids: Zondervan, 2014.

Mary Evans, *Woman in the Bible: An Overview of All the Crucial Passages on Women's Roles*, Milton Keynes: Authentic, 2006.

Gordon D. Fee, *Paul, the Spirit, and the People of God*, Peabody, MA: Hendrickson, 1996.

Kevin Giles, *The Trinity and Subordinationism: The Doctrine of God and the Contemporary Gender Debate*, Downers Grove, IL: InterVarsity, 2012.

Kevin Giles, *What the Bible Actually Teaches on Women*, Eugene, OR: Cascade, 2018.

Stanley J. Grenz and Denise Muir Kjesbo, *Women in the Church: A Biblical Theology of Women in Ministry*, Downers Grove, IL: InterVarsity, 1995.

Elizabeth A. Johnson ed., *The Strength of Her Witness: Jesus Christ in the Global Voices of Women*, Maryknoll, NY: Orbis, 2016.

Kathy Keller, *Jesus, Justice, and Gender Roles*, Grand Rapids: Zondervan, 2014.

Andreas J. Köstenberger and Margaret Elizabeth Köstenberger, *God's Design for Man and Woman: A Biblical-Theological Survey*, Wheaton, IL: Crossway, 2014.

Tara Beth Leach, *Emboldened: A Vision for Empowering Women in Ministry*, Downers Grove, IL: InterVarsity, 2017.

Mary T. Lederleitner, *Women in God's Mission: Accepting the Invitation to Serve and Lead*, Downers Grove, IL: InterVarsity, 2018.

Alice Mathews, *Gender Roles and the People of God: Rethinking What We Were Taught About Men and Women in the Church*, Grand Rapids: Zondervan, 2017.

Scot McKnight, *The Blue Parakeet: Rethinking How You Read the Bible*, Grand Rapids: Zondervan, 2008. 『파란 앵무새』(성서유니온선교회).

_____, *Junia is Not Alone*, Patheos: Patheos.com, 2011. Kindle.

Edwina Murphy and David Starling, *The Gender Conversation: Evangelical Perspectives on Gender, Scripture, and the Christian Life*, Eugene, OR: Wipf & Stock, 2016.

Philip B. Payne, *Man and Woman, One in Christ: An Exegetical and Theological Study of Paul's Letters*, Grand Rapids: Zondervan, 2009.

Lucy Peppiatt, *The Story of Woman's Freedom: Re-discovering the Mutualist Vision of Scripture*, Downers Grove, IL: InterVarsity, 2019.

Ronald W. Pierce, *Partners in Marriage and Ministry: A Biblical Picture of Gender Equality*, Minneapolis: CBE, 2011.

Ronald W. Pierce and Rebecca Merrill Groothuis, *Discovering Biblical Equality: Complementarity Without Hierarchy*, Nottingham: SPCK, 2005.

Jo Saxton, *Influential: Women in Leadership at Church, Work and Beyond*, London: Hodder & Stoughton, 2012.

Dorothy L. Sayers, *Are Women Human?*, Grand Rapids: Eerdmans, 1971. 『여성은 인간인가?』(IVP).

Cynthia Long Westfall, *Paul and Gender: Reclaiming the Apostle's Vision for Men and Women in Christ*, Ada, MI: Baker, 2016. 『바울과 젠더』(새물결플러스).

Ben Witherington III, *Women in the Earliest Churches*, Cambridge: Cambridge University Press, 1988.

_____, *Women in the Ministry of Jesus: A Study of Jesus' Attitudes Towards Women and Their Roles as Reflected in His Earthly Life*, Cambridge: Cambridge University Press, 1984.

온라인 기사 및 자료 링크

다음 온라인 기사와 자료, 그리고 이 기사와 자료들이 있는 웹사이트들은 유익하다. 모든 링크는 2019년 2월 11일 기준이다.

Richard S. Cervin, "On the Significance of Kephalē ("Head"): A Study of the Abuse of One Greek Word", *Priscilla Papers* 30 (2016), https://www.cbeinternational.org/resources/article/priscilla-papers/significance-kephalē-"head".

Kevin Giles, "Jesus and Women", www.cbe.org.au, https://www.cbe.org.au/index.php/conference-2010/keynote-addresses/jesus-a-women.

Elizabeth Graham, "12 Ways to Advocate for Women in Ministry", *The Junia Project*, www.juniaproject.com. https://juniaproject.com/advocate-for-women-in-ministry/.

Graham Joseph Hill, "6 Ways to Empower and Release More Female Leaders", www.theglobalchurchproject.com, https://theglobalchurchproject.com/empower-female-leaders/.

_____, "9 Ways to Amplify the Voices and Honor the Gifts of Women", https://theglobalchurchproject.com/9-ways-amplify-voices-honor-gifts-women/.

Scot McKnight, "Woman in Ministry", 여성 사역에 관한 스캇 맥나이트의 마흔 개에 달하는 블로그 게시물 시리즈 중 첫 번째. 시리즈 전체가 훌륭하다. https://www.patheos.com/blogs/jesuscreed/2006/09/12/woman

-in-ministry.

Margaret Mowczko, "How Christian Egalitarians Understand Equality", www.margmowczko.com, https://margmowczko.com/christian-egalitarians-understand-equality/.

_____, "My Perspective of Christian Egalitarianism", www.margmowczko.com, https://margmowczko.com/christian-egalitarianism-in-a-nutshell/.

_____, "1 Timothy 2:12 Archives", www.margmowczko.com, https://margmowczko.com/category/equality-and-gender-issues/1-timothy-212/.

David M. Scholer, "Women in Ministry: A Biblical Basis for Equal Partnership", Fuller Theological Seminary, https://www.fuller.edu/wp-content/uploads/2018/02/Women-in-Ministry-A-Biblical-Basis-for-Equal-Partnership.pdf.

Klyne Snodgrass, "A Case for the Unrestricted Ministry of Women", http://www.bemidjicovenant.com/filerequest/2991.pdf.

Gail Wallace, "Defusing the 1 Timothy 2:12 Bomb", *The Junia Project*, www.juniaproject.com, https://juniaproject.com/defusing-1-timothy-212-bomb/.

N. T. Wright, "Women's Service in the Church: The Biblical Basis", www.ntwrightpage.com, http://ntwrightpage.com/2016/07/12/womens-service-in-the-church-the-biblical-basis/.

추천 웹사이트

다음은 내가 특히 추천하는 웹사이트 몇 곳이다.

Christians for Biblical Equality (CBE) International
    https://www.cbeinternational.org

Christians for Biblical Equality (CBE) International (Australia)
    https://www.cbe.org.au

Ezer Rising
    http://www.ezerrising.com

Fixing Her Eyes
    http://www.fixinghereyes.org

Jesus Creed (Scot McKnight)
    https://www.patheos.com/blogs/jesuscreed/

Margaret Mowczko: Exploring the Biblical Theology of Christian Egalitarianism
    https://margmowczko.com

The Global Church Project
    https://theglobalchurchproject.com

The Junia Project
    https://juniaproject.com

참고 자료

Efrain Agosto, *Servant Leadership: Jesus and Paul*, St. Louis: Chalice, 2005.

Robert J. Anderson and William A. Adams, *Scaling Leadership: Building Organizational Capability and Capacity to Create Outcomes That Matter Most*, New York: Wiley and Sons, 2019.

Anglican Advisory Council for the Church's Ministry in England, *The Ordination of Women to the Priesthood*, London: Oxford University Press, 1972.

Markus Barth, *Ephesians*, New York: Doubleday, 1974.

Stephen B. Bevans et al., "Missiology after Bosch: Reverencing a Classic by Moving Beyond", *International Bulletin of Missionary Research* 29 (2005), pp. 69-72.

Michael F. Bird, *Bourgeois Babes, Bossy Wives, and Bobby Haircuts: A Case for Gender Equality in Ministry*, Fresh Perspectives on Women in Ministry, Grand Rapids: Zondervan, 2012.

Leonardo Boff, *Trinity and Society*, Maryknoll, NY: Orbis, 1988. 『삼위일체와 사회』(대한기독교서회).

Catherine Booth, *Female Ministry; or Women's Right to Preach the Gospel*, London: Morgan and Chase, 1870. 『여성사역』(구세군출판부).

Rita Nakashima Brock and Rebecca Ann Parker, *Proverbs of Ashes, Violence, Redemptive Suffering, and the Search for What Saves Us*, Boston: Beacon, 2001.

Richard S. Cervin, "On the Significance of Kephalē ('Head'): A Study of the Abuse of One Greek Word", *Priscilla Papers*, 30 (2016), https://www.cbeinternational.org/resources/article/priscilla-papers/significance-kephalē-"head".

Eugene Cho, "Supporting Women in All Levels of Church Leadership", https://eugenecho.com/2011/03/08/supporting-women-in-ministry/.

John Jefferson Davis, "Incarnation, Trinity, and the Ordination of Women to the Priesthood", *Priscilla Papers*, 1 (2010), https://www.cbeinternational.org/resources/article/priscilla-papers/incarnation-trinity-and-ordination-women-priesthood.

Ashley Emmert, "The State of Female Pastors", https://www.christianitytoday.com/women-leaders/2015/october/state-of-female-pastors.html. Accessed February 13, 2019.

Eldon J. Epp, *Junia: The First Woman Apostle*, Minneapolis, MN: Fortress, 2005.

Reta Halteman Finger, *Of Widows and Meals: Communal Meals in the Book of Acts*, Grand Rapids: Eerdmans, 2007.

Lance Ford, *Unleader: Reimagining Leadership...And Why We Must*, Kansas City, MO: Beacon Hill, 2012.

Kevin Giles, "Paul and Women: Was the Apostle a Misogynist?", *CBE International Online Blog* (2019), https://www.cbe.org.au/index.php/articles/conferences/172-paul-and-women-was-the-apostle-a-misogynist.

_____, *The Trinity and Subordinationism: The Doctrine of God and the Contemporary Gender Debate*, Downers Grove, IL: InterVarsity, 2002.

_____, *What the Bible Actually Teaches on Women*, Eugene, OR: Cascade, 2018.

Elizabeth Graham, "12 Ways to Advocate for Women in Ministry", in *The

Junia Project (2018), https://juniaproject.com/advocate-for-women-in-ministry/.

Stanley J. Grenz and Denise Muir Kjesbo, *Women in the Church: A Biblical Theology of Women in Ministry*, Downers Grove, IL: InterVarsity, 1995. 『교회와 여성』(기독교문서선교회).

Roger Helland, "Nothing Leadership: The Locus of Missional Servantship", in *Servantship: Sixteen Servants on the Four Movements of Radical Servantship*, edited by Graham Hill, pp. 32-41, Eugene, OR: Wipf & Stock, 2013.

Graham Joseph Hill, "An Apology to Victims of Domestic Violence in the Church", in *The Global Church Project*, https://theglobalchurchproject.com/apology-victims-domestic-violence-church/.

_____, *Globalchurch: Reshaping Our Conversations, Renewing Our Mission, Revitalizing Our Churches*, Downers Grove, IL: InterVarsity, 2016.

_____, *Salt, Light, and a City, Second Edition: Ecclesiology for the Global Missional Community: Volume 1, Western Voices*, Eugene, OR: Cascade, 2017.

_____, "Women are the Heartbeat of Living Faith", *The Global Church Project*, https://theglobalchurchproject.com/women-heartbeat-living-faith/.

_____, "6 Ways to Empower and Release More Female Leaders", The Global Church Project, 2018, https://theglobalchurchproject.com/empower-female-leaders/.

_____, "9 Ways to Amplify the Voices and Honor the Gifts of Women", The Global Church Project, 2017, https://theglobalchurchproject.com/9-ways-amplify-voices-honor-gifts-women/.

Institute for Studies in Asian Church and Culture (ISACC), http://isaccnet.

weebly.com/about-us.html.

Darrell Jackson, "For the Son of Man Did Not Come to Lead, But to Be Led: Matthew 20:20-28 and Royal Service", in *Servantship: Sixteen Servants on the Four Movements of Radical Servantship*, edited by Graham Hill, pp. 15-31, Eugene, OR: Wipf & Stock, 2013.

Andreas J. Köstenberger and Margaret E. Köstenberger, *God's Design for Man and Woman: A Biblical-Theological Survey*, Wheaton, IL: Crossway, 2014.

Carol Kuruvilla, "Here's Why These Women Don't Want to Live in Donald Trump's America", *Huffington Post* (October 15, 2016), https://www.huffingtonpost.com.au/entry/christian-women-donald-trump_us_580123d6e4b0162c043bdd7d?ec_carp=6686177678725004902.

Philippa Lowe, "Can Godly Men Be Quiet?", *One Week in August*, https://oneweekinaugust.com/2019/02/15/can-godly-men-be-quiet/.

Scot McKnight, *The Blue Parakeet: Rethinking How You Read the Bible*, Grand Rapids: Zondervan, 2008. 『파란 앵무새』(성서유니온선교회).

_____, "Woman in Ministry", https://www.patheos.com/blogs/jesuscreed/2006/09/12/woman-in-ministry.

_____, "Women in Ministry: Galatians 3:28", https://www.patheos.com/blogs/jesuscreed/2007/04/10/women-in-ministry-galatians-328/.

Margaret Mowczko, "1 Timothy 2:12 In Context: Artemis of Ephesus and Her Temple", https://margmowczko.com/1-timothy-212-in-context-2/.

_____, "1 Timothy 2:12 In Context: The Heresy in the Ephesian Church", https://margmowczko.com/1-timothy-212-in-context-3/.

_____, "Women Church Leaders in the New Testament", https://margmowczko.com/new-testament-women-church-leaders/.

Edwina Murphy and David Starling eds., *The Gender Conversation: Evangelical Perspectives on Gender, Scripture, and the Christian Life*, Eugene, OR: Wipf & Stock, 2016.

Philip Barton Payne, *Man and Woman, One in Christ: An Exegetical and Theological Study of Paul's Letters*, Grand Rapids: Zondervan, 2009.

Elizabeth Petersen and Jannie Swart, "Via the Broken Ones: Towards a Phenomenological Theology of Ecclesial Leadership in Post-Apartheid South Africa", *Journal of Religious Leadership* 8 (2009), pp. 7-34.

Pew Research Center, "The Gender Gap in Religion around the World", *Pew Research Center* (2016), http://www.pewforum.org/2016/03/22/the-gender-gap-in-religion-around-the-world/.

_____, "Women Relatively Rare in Top Positions of Religious Leadership", *Pew Research Center* (2016), http://www.pewresearch.org/fact-tank/2016/03/02/women-relatively-rare-in-top-positions-of-religious-leadership/.

Ronald W. Pierce, *Partners in Marriage and Ministry: A Biblical Picture of Gender Equality*, Minneapolis: Christians for Biblical Equality, 2011.

Ronald W. Pierce et al., *Discovering Biblical Equality: Complementarity without Hierarchy*, 2nd ed., Downers Grove, IL: InterVarsity, 2005.

Sheryl Sandberg, "Why We Have Too Few Women Leaders", https://www.ted.com/talks/sheryl_sandberg_why_we_have_too_few_women_leaders/up-next#t-135387.

Dorothy L. Sayers, *Are Women Human?*, Grand Rapids: Eerdmans, 1971. 『여성은 인간인가?』(IVP).

Elisabeth Schussler Fiorenza, *But She Said: Feminist Practices of Biblical Interpretation*, Boston: Beacon, 1992.

Klyne Snodgrass, "A Case for the Unrestricted Ministry of Women", 2008. http://www.bemidjicovenant.com/filerequest/2991.pdf.

Christine M. Thomas, "At Home in the City of Artemis: Religion in Ephesus in the Literary Imagination of the Roman Period", in *Ephesus: Metropolis of Asia*, edited by Helmut Koester, pp. 81-117, Valley Forge: Trinity Press International, 1995.

Cynthia Long Westfall, *Paul and Gender: Reclaiming the Apostle's Vision for Men and Women in Christ*, Grand Rapids: Baker Academic, 2016. 『바울과 젠더』(새물결플러스).

Ben Witherington III, *The Indelible Image: The Theological and Ethical Thought World of the New Testament*, Downers Grove, IL: InterVarsity, 2009.

N. T. Wright, "Women's Service in the Church: The Biblical Basis", Paper presented at the symposium "Men, Women and the Church" at St. John's College, Durham, 2004, http://ntwrightpage.com/2016/07/12/womens-service-in-the-church-the-biblical-basis/.

Jack Zenger and Joseph Folkman, "Are Women Better Leaders Than Men?", Harvard Business Review (2012), https://hbr.org/2012/03/a-study-in-leadership-women-do.

옮긴이 김현산은 경희대학교 행정학과, 침례신학대학교 신학대학원(M.Div.), 몰링 칼리지(M.A.)에서 공부했다. 2013년 호주 시드니로 이민하여 한인 이민자와 2세들을 위한 사역을 하고 있다.

더 건강한 교회를 위한 성평등 수업

초판 발행 2025년 3월 25일

지은이 그레이엄 조지프 힐
옮긴이 김현산
펴낸이 정모세

편집 이종연 이성민 이혜영 심혜인 설요한 양지영 박예찬
디자인 한현아 서린나 | 마케팅 오인표 | 영업제작 정성운 이은주 조수영
경영지원 이혜선 이은희 | 물류 박세율 정용탁 김대훈

펴낸곳 한국기독학생회출판부 | 등록번호 제2001-000198호(1978.6.1)
주소 04031 서울시 마포구 동교로 156-10
대표 전화 (02) 337-2257 | 팩스 (02) 337-2258
영업 전화 (02) 338-2282 | 팩스 080-915-1515
홈페이지 http://www.ivp.co.kr | 이메일 ivp@ivp.co.kr
ISBN 978-89-328-2342-3

ⓒ 한국기독학생회출판부 2025

책값은 뒤표지에 있습니다.
무단 전재와 복제를 금합니다.